DETRÁS DEL ESPEJO
APROXIMACIÓN AL CONCEPTO DE REPETICIÓN EN UN PENSAMIENTO ARTÍSTICO INTERDISCIPLINAR

REAL ACADEMIA DE BELLAS ARTES DE SAN FERNANDO

DETRÁS DEL ESPEJO
APROXIMACIÓN AL CONCEPTO DE REPETICIÓN EN UN PENSAMIENTO ARTÍSTICO INTERDISCIPLINAR

Discurso del académico electo
EXCMO. SR. D. JOSÉ MARÍA SÁNCHEZ-VERDÚ

Leído en el Acto de su Recepción Pública
el día 7 de abril de 2024

y contestación del
EXCMO. SR. D. TOMÁS MARCO ARAGÓN

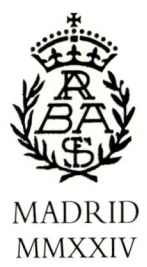

MADRID
MMXXIV

Con la colaboración de:

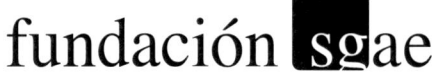

ISBN: 978-84-96406-88-9

Depósito Legal: M-8627-2024

DISCURSO DEL
EXCMO. SR. D. JOSÉ MARÍA SÁNCHEZ-VERDÚ

INTRODUCCIÓN

Excelentísimos señoras y señores académicos de esta casa, queridos familiares, amigos y todos los que hoy habéis querido estar aquí:

Deseo, en primer lugar, dar las gracias ante el honor tan grande que recibí el pasado día 19 de diciembre de 2022 al ser invitado para formar parte de esta histórica institución. Debo agradecer la propuesta que hicieron de mi nombre los excelentísimos señores scadémicos de esta casa don Alberto Campo Baeza, don José Luis García del Busto y don Tomás Marco. A ellos y a todos los académicos de esta Real Academia de Bellas Artes de San Fernando: muchas gracias.

Estar hoy aquí es una gran responsabilidad que asumo con energía y fuerza. Como la que he puesto en mi nueva Cátedra de Composición en el Real Conservatorio Superior de Música de Madrid desde hace poco, o la que he invertido anteriormente en otros centros europeos. Aquí hay, sin embargo, una diferencia sutil: esta responsabilidad es de por vida, no está sujeta a jubilación. Volver con más fuerza a mi país y formar parte de la defensa de su cultura en un contexto europeo y actual es una obligación que quiero y asumo con responsabilidad y alegría.

Estar aquí se debe, además, a la triste desaparición de mi muy querido amigo y compositor, académico de esta casa, don Luis de Pablo. Glosar su figura es algo que nunca pude imaginar; hacerlo en sus justos términos, ante la altura de su persona y labor, excedería, sin embargo, estas líneas. Recuerdo muy bien cómo a partir de 1993 —como joven estudiante de composición en Madrid— comencé a visitar con frecuencia a Luis de Pablo en su casa de la calle Relatores. Fue una vinculación de muchos años que se mantuvo hasta esos días oscuros de la pandemia, cuando por teléfono Luis me contaba las penas de un compositor de noventa años ante una situación tremenda: no solo encerrado por un virus mundial, sino también por el muy mejorable *humus* cultural de la sociedad española que nos rodea y que él, como tantos creadores de este país, sufría de corazón.

Muchos encuentros y viajes imborrables me unieron a él en festivales, congresos y cursos varios en Granada, Salamanca, Zaragoza, Murcia, Bruselas, etc. A ello se suma un intercambio epistolar enorme de casi treinta años de relación, siempre con sus variadas y sorprendentes postales escritas con una letra mínima acaracolada que, como formada por arañas, se desplegaba por todas sus superficies. Luis representaba al artista curioso, indómito, caminante no solo por los paisajes que recorría siempre a pie, sino sobre todo por los territorios del saber y del conocimiento que transitó. Para mí fue un aprendizaje continuo. Su música: baste decir que Luis siempre ha sido un nombre citado invariablemente en mis clases como profesor de Composición, tanto por su estupendo libro *Aproximación a una estética de la música contemporánea*[1], paradigma de reflexión sobre cuestiones determinantes en el pensamiento compositivo de la Europa de su tiempo, como también por múltiples aspectos concretos que su propia

---

[1] DE PABLO, Luis: *Aproximación a una estética de la música contemporánea*, Ciencia Nueva, Madrid, 1968.

obra compositiva planteaba en forma de búsquedas, tentativas y soluciones creativas. Recibir la medalla número 47 que Luis de Pablo llevó tantos años en esta Academia añade a todo, además, una mayor responsabilidad. Querría recordar aquí que esta medalla perteneció a los pintores Nicolás Gato de Lema (ya en 1859) y a Dióscoro Teófilo Puebla, y desde 1902 fue poseída sucesivamente por los compositores Manuel Fernández Caballero, Joaquín Larregla, Jesús Guridi, José Muñoz Molleda y finalmente por nuestro citado Luis de Pablo, desde su ingreso en 1981 hasta su fallecimiento en 2021.

No quisiera dejar de resaltar, junto a Luis de Pablo, mi recuerdo intenso y muy personal de Antón García Abril, también miembro de esta Academia y mi maestro durante cuatro cursos de Composición en el Real Conservatorio Superior de Música de Madrid. Y finalmente desearía citar con emoción a otro ilustre miembro de la sección de Música de esta casa: Cristóbal Halffter. Su memoria es para mí de una enorme importancia vital y emocional. Mi convivencia con Cristóbal durante más de diez años como profesores en sus cursos de Composición en Villafranca del Bierzo —espacio emblemático en la transmisión del conocimiento de la composición a las nuevas generaciones— queda como un tesoro imborrable que guardo en mi corazón, recordando su figura. Junto a Cristóbal querría al menos mencionar los nombres de Carmelo Alonso Bernaola o Ramón Barce, a los que también pude tratar, y que nos precedieron en esta casa. A todos estos nombres aquí citados de la sección de Música, a los que serán mis futuros compañeros y a todos en general debo una nueva responsabilidad temporal en nuestra cultura; con todos ellos aúno ahora mi juramento para trabajar en este espacio gracias a la generosidad de los que fueron y de los que ahora son. Alguna vez, sin ironía o humor, he dicho que mi trabajo como compositor no se orienta solamente hacia el futuro, sino que está especialmente destinado a mis antecesores.

He considerado la música siempre como una forma de conocimiento. Cada proyecto en que me he embarcado ha supuesto una investigación continua, un viaje, una inversión enorme de trabajo y de tiempo, de lectura y de reflexión. Hoy, aquí, no quiero hablar solo de música, o de mi música, sino que quiero hablar de pensamiento. El mundo artístico actual plantea nuevos interrogantes y direcciones que suponen nuevas formas de confrontación por parte del artista con su sociedad, con sus formas y materiales o concepciones artísticas, con la tecnología y con aspectos filosóficos, estéticos e históricos esenciales para mí. Las grandes academias de Bellas Artes del XVIII deben ser hoy reconsideradas en otras dimensiones. La arquitectura, la pintura, la escultura, etc., han trascendido sus territorios históricos para abrir caminos artísticos interdisciplinares muy diversos; la música se ha abierto a territorios en los que el tiempo y el espacio han cambiado en su configuración, desde el arte sonoro y las *performances* hasta la integración de la arquitectura, el vídeo, el videoarte, las vídeo-esculturas y todo un ámbito riquísimo de territorios en continua transformación y movimiento. Es por ello que el campo de la interdisciplinariedad no es solo una perspectiva actual, sino que desde hace un siglo es esencia de planteamientos y propuestas que han redefinido el concepto de arte y han hecho replantearse al ser humano nuevos interrogantes y búsquedas que ya estaban representadas en las paredes de las pinturas rupestres y en multitud de formas artísticas en las que el hombre se ha enfrentado con su esencia, su memoria, su destino, su finitud o lo ilimitado del cosmos.

Para acercarme a algunas perspectivas en este campo elegido de la repetición en el horizonte de la interdisciplinariedad voy a apuntar a territorios que iluminen esta visión artística de la que quiero hablar hoy en esta Academia. El itinerario de este Discurso es eminentemente científico —no puedo dejar de lado mi formación como musicólogo o como licenciado en Derecho—, pero su trasunto irrigará y desvelará muchos estratos y perspectivas de los procesos de composición musical y de algunos proyectos destacados de mi propia experiencia personal.

★ ★ ★

En el espejo en que nos observamos siempre se puede ver una forma de repetición. La imagen y la repetición son su substancia. En estas líneas que siguen querría hacer una aproximación personal y muy parcial y fragmentaria, por necesidad, al tema de la repetición, y con ello trazar un pequeño viaje en el que podría entender algunos aspectos que han marcado y determinado ideas musicales de muchos de mis proyectos compositivos. Trazar este periplo es un modo de observarme en el espejo de mi propio camino, y entender muchos elementos de mis propios intereses como compositor. Y a la vez configura un itinerario de encuentro y diálogo con artistas y pensadores —de Paul Klee a Pablo Palazuelo, de Walter Benjamin a Gilles Deleuze, etc.—, y un territorio que afirma la íntima vinculación entre el pensamiento artístico (más en concreto, el musical) y el de otras disciplinas artísticas con el de otras formas de pensamiento filosófico y científico.

1. SOBRE LA REPETICIÓN

> [...] *repetición y recuerdo constituyen el*
> *mismo movimiento, pero en sentido contrario.*
> Søren Kierkegaard

Para los antiguos la situación y construcción de un templo sobre la tierra no era otra cosa que la plasmación de una Idea de los dioses en el mundo de los hombres. La construcción de un templo era la repetición de una cosmogonía. La Idea prevalecía, y el hombre articulaba esta construcción bajo su mirada, orientándola en relación al cosmos y constituyendo en sí una imagen del mundo superior en el mundo humano: una repetición o un espejo en la Tierra.

La contemplación de la bóveda celeste ha sido siempre base de una experiencia religiosa. Lo trascendente quedaba equiparado a esas "regiones superiores" como realidad absoluta y como eternidad[2]. El templo o la casa se alzan como *imago mundi*. La morada es una imagen especular del cosmos. La casa del hombre en la tierra como creación sagrada nacía de una asimilación con el cosmos a través de un centro y su relación con los puntos cardinales; con frecuencia se recreaba un ritual —una forma de repetición— con la creación del mundo que realizaban los dioses a partir del nacimiento de un ser mitológico[3]. Las grandes civilizaciones antiguas (Mesopotamia, Egipto, la India, China) mantenían esa visión como *imago mundi* y a la vez repetían sobre la tierra el modelo realizado en el cielo por los dioses. Esta forma de repetición en la creación se puede encontrar en muchas culturas del mundo desde la Antigüedad[4]. De los planos en el cielo surgieron ciudades como la antigua y mítica Nínive.

---

[2] ELIADE, Mircea: *Lo sagrado y lo profano*, Austral, Barcelona, 1998, p. 89.

[3] *Ibid.*, p. 43.

[4] Cfr. HUMPHREY, Caroline y VITEBSKY, Piers: *L'architecture sacrée. Modèles cosmiques. Forms et ornaments symboliques. Traditions occidentales et orientales*, Duncan Baird Publishers, Londres, 1997, pp. 10 y ss.

El santuario de Marduk para los babilonios era una imagen del mundo en miniatura[5]. La ciudad de Jerusalén era copia de una Jerusalén celestial creada por el propio Dios como modelo del paraíso; su reproducción en la Tierra y la reconstrucción del templo marcan la historia de Israel y de su religión hasta hoy. El significado del Templo de Jerusalén está lleno de simbolismo, y más allá de ello es el lugar desde donde Yahveh controla el universo[6].

La arquitectura parte de una Idea —que en griego significa "forma" —, y tiene la perspectiva semántica de la visión. La Idea, a través de la plasmación del alzado de una planta, se sitúa sobre el plano de la Tierra. En este sentido se puede confirmar la persistencia de un espacial platonismo que abraza muchas posiciones en lo creativo, no solo en periodos anteriores en el arte occidental, sino en algunas visiones que incluso hoy pueden ser señaladas en el arte actual. El concepto de Idea está y ha estado fuertemente (también filológicamente) vinculado con conceptos como "visión", "forma", aspecto del rostro, etc. La forma, para el filósofo y matemático ruso Pável Florenski, es una "manifestación de Dios"[7]. Este autor, de gran importancia para mí, ha señalado que el concepto de visión o de contemplación se conjuga "con aquel del saber o el conocimiento"[8]. Florenski ha señalado una auténtica lista de palabras que unen su raíz a la palabra griega "idea" (desde el sánscrito al lituano, del ático al irlandés, o del griego al gaélico, etc.)[9].

Ante el tema de la repetición y de los arquetipos, Mircea Eliade resaltó que la creación del hombre es un desdoblamiento del mundo de los dioses, y el templo, como lugar sacro, tiene siempre un prototipo celestial[10]. "La arquitectura resulta […] del encuentro de unas formas ideales con la tierra"[11]. El Tigris tenía su modelo en la estrella Anunit; el Éufrates en la estrella de la Golondrina; Jehová mostró a Moisés la "forma" del santuario que le debe construir; David entregó a su hijo los planos del Templo, y le señaló que todo eso le fue confiado escrito de las manos del Señor[12]. En definitiva, todas las creaciones en la Tierra copiaban y repetían un modelo celestial. Toda creación parece repetir el acto cosmológico por excelencia: la Creación del mundo.[13] El descenso de las Ideas desde el Cielo a la Tierra es imagen de una repetición constante.

> Y yo, Juan, vi la Ciudad Santa, la Jerusalén nueva, que de parte de Dios descendía del cielo y estaba aderezada como una novia ataviada para su esposo[14].

---

[5] Cfr. ROITMAN, Adolfo D.: *Del Tabernáculo al Templo. Sobre el espacio sagrado en el judaísmo antiguo*, Editorial Verbo Divino, Estella, 2016, p. 25.

[6] *Ibid.*, p. 83.

[7] FLORENSKI, Pável: *Il significato dell'idealismo*, Edición SE, Milán, 2012, p. 93. Todas las traducciones de citas en este texto están hechas por el propio autor de este Discurso de ingreso, salvo que se indique otra cosa.

[8] *Ibid.*, p. 87.

[9] *Idem.*

[10] ELIADE, Mircea: *El mito del eterno retorno*, Alianza Editorial, Madrid, 2023, p. 19.

[11] CORBIN, Henry: *La imaginación creadora en el sufismo de Ibn 'Arabí*, Destino, Barcelona, 1993, p. 137.

[12] *Ibid.*, pp. 19 y ss.

[13] *Ibid.*, p. 32.

[14] *Apocalipsis*, XXI, 2 y ss.

La música y la arquitectura son las dos grandes invenciones de los dioses: Apolo fue su divinidad. Y solo más tarde nacieron las demás disciplinas. Para Rudolf Arnheim "la cosmogonía no es solo la historia de cómo surgieron las cosas en el pasado, sino que permanece inherente en la arquitectura del universo como su configuración de fuerzas actualmente visible"[15]. Y en este mismo contexto el arte se define para Jean-Luc Nancy como una relación de la imagen con la Idea, o de la imagen con lo inimaginable[16]. No hay nada más platónico, o hegeliano, a juicio de este filósofo, que ciertas formas en las cuales prevalece una pureza o una depuración total, sea material, conceptual, minimalista o performativa[17]. Habría que distinguir en el arte, según el citado Nancy, entre la imagen y el vestigio. La diferencia entre estos conceptos estaría en la aportación de los teólogos al distinguir entre el hombre racional como *Imago Dei*, y el resto de la Creación. Se trata de una lógica de la *autoimitación*, según Nancy. "La idea borra su idealidad para ser lo que es; pero de resultas, lo que «es», no lo es y ya no puede serlo"[18]. La descripción del arte en nuestra sociedad para este filósofo va más allá y desemboca en la consideración de que esta es una sociedad sin imágenes. No es, como se reitera siempre, una sociedad de las imágenes, sino una sociedad sin imágenes debido a que es una sociedad sin Idea. "El arte, hoy, tiene la misión de responder a ese mundo, o de responder de él"[19]. El arte nace unido, en todas las culturas, al concepto de repetición. *Re-petitio* significa "nueva petición", un "nuevo impulso hacia algo… para tomar o para interpelar algo (o a alguien)"[20]. Numerosas culturas como la egipcia, la babilónica, la china, la árabe, etc., han usado la repetición de elementos, de esquemas, para plasmar su propio estilo artístico.

Es Plutarco el que nos refiere la historia de una nave que los atenienses conservaron en forma de monumento como recuerdo de una batalla vencida por Teseo ante los cretenses. La nave —una trirreme—[21], mantenida y expuesta en un lugar destacado a las afueras de Atenas, se enfrentó al tiempo, a la climatología y a la erosión y al envejecimiento de sus materiales. La memoria de los atenienses no permitió esta pérdida, y las partes constitutivas de la nave iban siendo sustituidas a medida que la madera, las velas, etc., comenzaban a deteriorarse de forma irreversible. Al paso de muchos años surge la gran pregunta ontológica que expongo aquí: una vez cambiadas todas y cada una de las partes de esta nave de Teseo, ¿estamos ante la misma nave? O, por el contrario, ¿es una repetición falsa, ya que ninguna de sus partes se corresponde con los materiales originales? Yendo más allá: ¿estamos ante un original, o deberíamos hablar de una copia, de una reproducción? ¿Dónde se encuentra realmente la identidad de las cosas, en su materia física o en su idea?

---

[15] ARNHEIM, Rudolf: *El pensamiento visual*, Paidós, Madrid, 2011, p. 289.

[16] NANCY, Jean-Luc: *Las musas*, Amorrortu, Buenos Aires, 2008, p. 126.

[17] *Ibid.*, p. 123.

[18] *Idem.*

[19] *Ibid.*, p. 126.

[20] NANCY, Jean-Luc: *El arte hoy*, Prometeo, Buenos Aires, 2014, p. 61.

[21] Nave de guerra griega usada desde el siglo VII a. C. conformada por tres líneas de remeros en diferentes niveles.

La nave de treinta remos en que con los mancebos navegó Teseo, y volvió salvo, la conservaron los Atenienses hasta la edad de Demetrio Falereo, quitando la madera gastada y poniendo y entretejiendo madera nueva; de manera que esto dio materia a los filósofos para el argumento que llaman aumentativo, y que sirve para los dos extremos, tomando por ejemplo esta nave, y probando unos que era la misma, y otros que no lo era[22].

Hobbes ya se preguntaba en su *De Corpore* (II, 7, 2) si la nave de Teseo, tras haber cambiado el material de todas sus partes, seguía siendo la misma. Hobbes hablaba de una descripción de dos naves: la original, y la que al cabo de los años mantiene la idea y la forma, pero no los materiales de origen. La operación constituye un proceso de repetición de la idea en el tiempo, manteniéndola pese a la destrucción de los materiales que constituyen la propia nave.

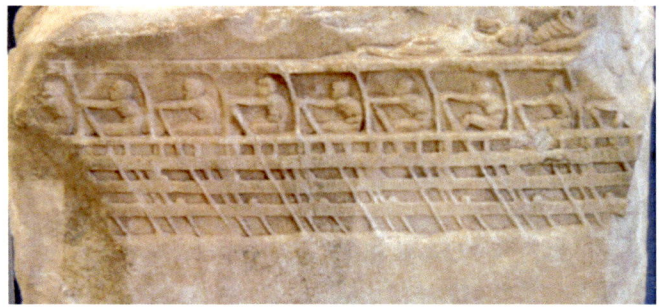

Figura 1. Bajorrelieve Lenormant (ca. 410-400 a. C.).
Nave trirreme ateniense.
Museo de la Acrópolis, Atenas.

La aportación de Kierkegaard al concepto de repetición juega un papel esencial en el pensamiento europeo. Para el filósofo danés en la repetición estriba la belleza de la vida misma[23]. "¿Qué sería, a fin de cuentas, la vida si no se diera ninguna repetición?" [24]. Para Kierkegaard "repetición y recuerdo constituyen el mismo movimiento, pero en sentido contrario"[25]. "La repetición es la realidad y la seguridad de la existencia. El que quiere la repetición ha madurado en la seriedad"[26]. Aunque Kierkegaard desarrolla muchos de estos aspectos a partir de una escritura biográfica en la que su propia experiencia —en concreto con la descripción de una relación amorosa personal, en sus varias fases—, sus pensamientos entablan un diálogo con aspectos filosóficos que abarcan desde el mundo de los griegos hasta la filosofía de Hegel. Para Kierkegaard "la dialéctica de la repetición es fácil y sencilla. Porque lo que se repite, anteriormente ha sido, pues de lo contrario no podría repetirse […] Si no se posee la categoría del

---

[22] PLUTARCO: *Vidas paralelas,* Tomo I, XXIII, Gredos, Madrid, 2000.
[23] KIERKEGAARD, Søren: *La repetición,* Alianza Editorial, Madrid, p. 33.
[24] *Ibid.*, p. 35.
[25] *Ibid.*, p. 33.
[26] *Ibid.*, p. 36.

recuerdo o la de la repetición, entonces toda la vida se disuelve en un estrépito vano y vacío"[27]. La repetición como felicidad aparece reflejada en sus textos; la repetición es fuente de ella. Y más allá de esto, para Kierkegaard la repetición es una categoría religiosa, pudiéndose hablar de un "teatro de la fe"[28]. Podemos emparentar en muchos de estos aspectos la obra de Kierkegaard con la de Friedrich Nietzsche, en el sentido de que el mito del eterno retorno del libro *Also sprach Zarathustra*[29], jugando con la idea de la repetición y del poder que le atribuye, abraza la perspectiva también de un teatro, pero ahora del ateísmo; ambas perspectivas son asumidas más tarde por Gilles Deleuze al hablar de un "teatro de la repetición" en su confrontación con estos dos autores[30].

August Tarde ha tratado destacadamente también el tema de la repetición, centrándolo en el mundo de las ciencias sociales. Es interesante cómo su gran trabajo sobre este tema empieza afirmando que las repeticiones se producen siempre por variaciones[31]. Y más en concreto, para Tarde "toda repetición, ya sea social, ya orgánica o física, es decir, *imitativa*, *hereditaria* o *vibratoria* […] procede de una innovación […]"[32]. Tarde define en su texto tres tipos de repeticiones: 1) las nacidas de movimientos periódicos y principalmente vibratorios, 2) las de transmisión hereditaria, y 3) las imitaciones en todas sus formas que se observan en el mundo social[33]. Para Tarde las semejanzas y las repeticiones son el tema necesario de las diferencias y variaciones. La imitación, centro de su investigación, es esencial en el mundo social, y juega en él un papel análogo al de la herencia o al de la ondulación de los cuerpos. Las costumbres, las modas, etc., son su terreno de desarrollo. La especial perspectiva que señala Tarde, además, es que "si las cosas se repiten permanecen unidas a otras multiplicándose […]"[34]. Una clave para entender la posición de este autor es que la repetición en las ciencias debe ser entendida no como algo pasivo, sino como un acto de "producción conservadora". "La repetición produce un efecto que conlleva la causa sin aportar innovaciones, revoluciones o distorsiones"[35]. Tarde, más allá de la repetición, pretende hacer un estudio sobre la adaptación y oposición de todos los movimientos para entender el concepto de variación universal[36]. La repetición será lo que permita pasar de un orden a otro de la diferencia, como desarrollará Gilles Deleuze posteriormente en su obra *Différence et répétition*[37], de la que se hablará enseguida. Deleuze será uno de los grandes continuadores del pensamiento de Tarde.

---

[27] *Ibid.*, p. 71.

[28] Cfr. OTTO, Stephan: *Die Wiederholung und die Bilder. Zur Philosophie des Erinnerungsbewusstseins*, Meiner, Hamburgo, 2007, pp. 288-289.

[29] Cfr. NIETZSCHE, Friedrich: *Así hablaba Zaratustra*, Planeta-Agostini, Barcelona, 1992.

[30] OTTO, *op. cit.*, p. 285.

[31] TARDE, August: *Las leyes de la imitación*, Daniel Jorro, Madrid, 1907, p. 27.

[32] *Ibid.*, p. 28.

[33] *Ibid.*, pp. 35 y ss.

[34] *Ibid.*, pp. 26-27.

[35] TOSEL, Natascia: *Gabriel Tarde. Molecolare – Desiderio – Imitazione – Invenzione – Fatti futuri*, Derivi Approdi, Roma, 2022, pp. 36-37.

[36] *Ibid.*, p. 35.

[37] DELEUZE, Gilles: *Diferencia y repetición*, Amorrortu, Buenos Aires, 2002.

En los estudios sobre la intertextualidad desde los años sesenta (Kristeva[38], Genette[39] y otros muchos), especialmente desde estudios de crítica literaria, la repetición planea sobre muchas de las técnicas interdisciplinares estudiadas. La copia, el pastiche, la transestilización, el *collage*, etc., juegan siempre con diferentes niveles de repetición al vincular dos textos diferentes (*hipotexto* e *hipertexto*), creando una diferencia entre ambas partes. Al hablar de texto se comprende una forma de *écriture* que puede abrazar tanto el texto literario o poético como una obra musical, una obra pictórica, una escultura, una película, etc. La nave de Teseo ofrece un problema de tipo ontológico; la intertextualidad nos muestra las múltiples posibilidades de repetición entre dos textos distintos en niveles diferentes. En este sentido se presenta una primera necesidad de definir conceptos como los de original o copia. La multiplicación exponencial de un texto inicial es causante (ya lo había señalado Walter Benjamin) de consecuencias enormes, especialmente en el mundo del arte. Similitud y repetición son dos conceptos que definen este contexto de estudio. Lo esencial es la forma, lo estructural, no su aspecto cronológico. Por eso la nave de Teseo era "un paradigma del objeto definido por su estructura más que por su fabricación material. [...], lo esencial es la forma"[40]. Pensar de forma estructural conlleva el rechazo a la cronología lineal como "matriz inevitable de la experiencia y la cognición"[41]. Por eso se ha tratado por varios autores el concepto de *anacronismo*. Y por ello la repetición propone una curvatura del tiempo, una diferencia, una alteración de la línea cronológica del tiempo. Didi-Huberman señala también este aspecto de lo anacrónico en la deriva del tiempo confrontando autores y estéticas coetáneas entre sí, pero que sorprendentemente muestran espacios disímiles en cuanto a las propuestas artísticas planteadas[42]. Didi-Huberman habla sobre el montaje como la categoría referida a este concepto de historia anacrónica. Para Jean-Luc Nancy "el arte es un goce inscrito. El goce se repite a la medida de su espera infinita"[43]. En palabras del mismo filósofo "la repetición que define el arte es el deseo indefinidamente relanzado por la verdad de la cosa"[44]. Así mismo, Nancy ha hablado de una "pulsión de repetición"[45]. En esta reflexión de autores como Nancy o Didi-Huberman destacaría finalmente un aspecto de este último cuando se enfrenta a conceptos como la imagen-matriz y el de semejanza. Didi-Huberman trata aspectos vinculados con la repetición a partir de ideas como la simetría, la asimetría, o la perspectiva de una *polirritmia* compleja y el concepto de energía[46], aspectos que ha estudiado especialmente en sus escritos sobre la *ninfa*, y también sobre la danza[47]. La profundización en torno a este concepto de energía nace del profundo estudio de Didi-Huberman sobre la obra de Aby Warburg (1866-1929) a partir de con-

---

[38] KRISTEVA, Julia: *El lenguaje, ese desconocido. Introducción a la lingüística*, Fundamentos, Madrid, 1988.

[39] GENETTE, Gérard: *Palimpsestos. La literatura de 2º grado*, Taurus, Madrid, 1989.

[40] NAGEL, Alexander y WOOD, Christopher S.: *Renacimiento anacronista*, Akal, Madrid, 2017, pp. 6-7.

[41] *Ibid.*, p. 7.

[42] DIDI-HUBERMAN, Georges: *Ante el tiempo*, Adriana Hidalgo, Buenos Aires, 2008, p. 38-39.

[43] NANCY, *op. cit.*, p. 62.

[44] *Idem.*

[45] NANCY, Jean-Luc: *La partición de las artes*, Pre-Textos, Valencia, 2013, p. 11.

[46] DIDI-HUBERMAN, Georges: *La imagen superviviente. Historia del arte y el tiempo de los fantasmas según Aby Warburg*, Abada, Madrid, 2009, pp. 238-239.

[47] Cfr. DIDI-HUBERMAN, Georges: *El bailaor de soledades*, Pre-Textos, Valencia, 2008.

ceptos como la *Stilisierung der Energie* ("Estilización de la energía")[48], tomado del propio Warburg. La "pulsión de repetición" de Sigmund Freud (*Wiederholungszwang*) en relación a las pulsaciones es para Didi-Huberman lo que la "supervivencia de las imágenes" de Warburg (*Nachleben*) para este terreno de las imágenes[49]. En relación a la repetición, Didi-Huberman señala que a la aportación de Freud y de Warburg habría que añadirle no solo la perspectiva de Nieztsche, sino también la de los "principios generales" de la teoría darwinista[50]. Didi-Huberman ha hecho algunas de las aportaciones más originales sobre conceptos como el ritmo o la repetición, sobre todo en el estudio de las imágenes.

La repetición busca un modo de estabilidad: la propia teología enseña que "los rituales religiosos, para hacerse convincentes, deben ser repetidos día tras día, mes tras mes, año tras año"[51]. Pero estas repeticiones no pierden frescura: anticipan que "algo importante está a punto de suceder". Para Richard Sennet todas estas actividades tienen algo de ritual. Y pese a la repetición mantenemos siempre la "habilidad de la anticipación"[52]. En el artesanado la habilidad rítmica encuentra un terreno rico de articulaciones basadas en la repetición. Solo la revolución industrial introdujo un elemento de desestabilización ante la idea del artesanado con su componente físico humano: la máquina[53]. Y más allá de ello, muchas actividades ordinarias de la vida (artesanado, prácticas del cultivo, moler el grano, etc.) han desarrollado esquemas basados en la repetición que han configurado repertorios musicales íntimamente vinculados, no solo en las temáticas de los textos, sino también en aspectos puramente musicales como los ritmos y sus repeticiones[54]. En la repetición se ha destacado el papel en cuanto a la progresión y la cohesión textual, la función "productiva" del propio proceso repetitivo, o la "función performativa" y de "fuerza insinuante" que ofrece[55]. En este sentido el propósito estético de la repetición es quizás

> un nicho que podría explorarse más a fondo, sobre todo en el discurso extraliterario. Por su iconicidad, su vocalidad y sus efectos rítmicos, la repetición representa una herramienta de persuasión por medio del "placer", que va mucho más allá de los discursos intrínsecamente dedicados a suscitar "el placer del texto" o que tienen una dimensión autotélica, como el discurso lúdico o literario[56].

---

[48] DIDI-HUBERMAN, Georges: *La imagen superviviente…*, pp. 239 y ss.

[49] *Ibid.*, p. 289.

[50] *Ibid.*, pp. 290-291.

[51] SENNET, Richard: *El artesano*, Anagrama, Barcelona, 2012, p. 219.

[52] *Idem.*

[53] La invención de la máquina y su funcionamiento alteró no solo el campo de la artesanía y del trabajo como actividad industrial, sino que amplió y cambió completamente la percepción del sonido. Las máquinas crearán un nuevo tipo de paisaje sonoro que transformará nuestra percepción de la naturaleza. Véase en este terreno el fundamental libro del compositor e investigador canadiense Murray Schafer: MURRAY SCHAFER, R.: *El paisaje sonoro y la afinación del mundo*, Intermedio, Barcelona, 2013. Véase también WISHART, Trevor: *Sobre el arte sonoro*, Universidad Nacional de Quilmes, Bernal, 2019, pp. 159 y ss.

[54] La etnomusicología y el folklore musical han estudiado estos aspectos en numerosas culturas del mundo.

[55] PAISSA, Paola y DRUETTA, Ruggero: "Échos, rebons, arabesques: la répétition en discours, en PAISSA, Paola y DRUETTA, Ruggero (eds.): *La répétition en discours*, Academia-L'Harmattan, Louvain-la-Neuve, 2013, p. 13.

[56] *Ibid.*, p. 14.

La repetición es, seguramente, una de las estrategias más destacadas en el arte del siglo XX. No en vano muy diversos autores —entre los que destaca Gilles Deleuze, como veremos— han definido el siglo XX como el siglo de la repetición: un marco histórico en el que el poder de esta ha abarcado terrenos tan diversos como el del inconsciente, el del lenguaje o el del arte. La repetición conlleva una crítica a la representación, crea una nueva forma de percepción, se confronta con el tiempo de una nueva manera en la creación y hace de lo temporal algo esencial. La concepción clásica del arte ha sido esencialmente espacial e intemporal, mientras que en el arte contemporáneo lo que ha cambiado radicalmente ha sido precisamente su temporalización[57]. En este sentido, el cine, partiendo de la técnica de la repetición de fotogramas —fotografías en movimiento—, fue el nuevo arte que creó a través de este proceso un resultado de temporalidad y de movimiento en la imagen. La repetición como categoría encuentra un terreno muy rico de desarrollo en los aspectos de reproducción y copia en el Pop Art, en la radicalización de lo serial como categoría en el arte minimalista o en otras formas artísticas de apropiación, etc., ya desde los años sesenta[58]. Este concepto de repetición ha encontrado, además, una especial repercusión y ha sido objeto de estudio destacado en autores como Jacques Derrida (*Grammatologie*)[59], Roland Barthes y su trabajo sobre la intertextualidad[60], Deleuze a partir de varios de sus libros (destacadamente la citada *Différence et répétition*), y diversos planteamientos que han venido del trabajo de Guy Debord o Jean Baudrillard, entre muchos otros.

La repetición puede nacer de escenarios concretos como el de la etnología (con sus estudios sobre el ritual, la tradición o el renacimiento), las ciencias de la cultura (*Kulturwissenschaften*) con sus campos de trabajo sobre el archivo, la memoria colectiva, junto a terrenos como el palimpsesto, la reescritura, la grabación y consulta de datos, etc., o de la psicología (recuerdo, rutina), el psicoanálisis (suplantaciones, retornos, pulsión de repetición, regresión), o finalmente de la teología (antecedentes clínicos, liturgia)[61].

El enfrentamiento entre la posición de Platón —contraria a la repetición en el arte, caracterizada como un acto mimético en el que con un espejo se refleja lo que ya hay en el mundo— y la posición de Aristóteles al aceptar una repetición artística en la que se produce una participación psíquica en la realidad (incluido el interesante concepto de catarsis —*katharsis*— como parte de este proceso en la perspectiva aristotélica), son dos grandes perspectivas enfrentadas[62]. Ambos filósofos participan de numerosas opiniones comunes, pero, aunque partan de la razón como forma de conocimiento del mundo, sus posturas ocupan espacios diversos y enfrentados en muchos

---

[57] CALVO SERRALLER, Francisco: "En busca de la repetición perdida", en *Repetición/Transformación*, catálogo de la exposición que tuvo lugar en el Museo Nacional Centro de Arte Reina Sofía (6 octubre - 6 diciembre de 1992), Consorcio Madrid Capital Europea de la Cultura, Madrid, 1992, p. 14.

[58] LÜTHY, Michael: "Alles ist Wiederholung. Facetten einer Grundoperation der Kunst", en HUSS, Till y WINKLER, Elena (eds.): *Kunst & Wiederholung*, Kulturverlag Kadmos, Berlín, 2017, p. 31.

[59] DERRIDA, Jacques: *De la gramatología*, Siglo XXI, Madrid, 1986.

[60] Cfr. BARTHES, Roland: *El grado cero de la escritura*, Siglo XXI, Madrid, 2005.

[61] LÜTHY, Michael: *op. cit.*, p. 33.

[62] *Ibid.*, p. 27.

aspectos63. La improductividad y duplicidad de la realidad que señala negativamente Platón se confronta con una fundamentación ética del arte por parte de Aristóteles.[64] Para Platón las imágenes engañan; por tanto, los artistas, sus creadores, engañan. Esta herencia platónica y neoplatónica ha perdurado en cierta manera en Occidente.

Algunas propuestas artísticas de finales del siglo XIX ya abrieron un campo de nuevas referencias en torno a la repetición. La larga serie de cuadros que Monet realizó sobre la catedral de Rouen es un ejemplo ya icónico de ello. La repetición puede ser estudiada en sistemas tan diversos como la música, en el mundo de las imágenes, en el lenguaje o en la arquitectura. Y puede ser presentada tanto en un contexto analógico como en uno digital, si bien lo digital añade otro grado de complejidad en cuanto a las posibilidades de reproducción y de transmisión. ¿Qué es idéntico y qué es diferente? Esta es la gran cuestión en la reflexión filosófica y artística[65].

En el territorio de la repetición en el arte podríamos ofrecer una larga lista de técnicas ya históricas. Muchas de ellas se corresponden con relaciones intertextuales que han constituido un gran campo de investigación desde los años sesenta, como se ha señalado. Términos de estas técnicas serían, en una lista no cerrada, el retrato, la cita, la paráfrasis, la adaptación, la variación, la parodia, el pastiche, la burla, el homenaje, el *demontage*, la apropiación, la expropiación, la réplica, la reproducción, la copia, la falsificación, el plagio, la multiplicación, el *fake*, el *sampling*, el *mash-up*, el *remake*, el *remix*, la recreación, la clasificación, la serialización, el ritmo, etc. En el terreno musical podríamos dar también una lista con términos pertenecientes al terreno de la repetición en diversas formas: recapitulación (*reprise*), fuga, refrán, *ritornello*, *ostinato*, *leitmotiv*, rondó, variación, etc[66]. Toda esta amplísima terminología nace de formas concretas de repetición y variación. En el arte de la retórica y en la poesía (por ejemplo, en la "rima") la repetición es uno de los elementos más destacados; constituye uno de los perfiles más notables del *Decorum* en cuanto a figuras retóricas y es una parte esencial de estructuras estróficas y procedimientos de versificación. En este plano artístico "la repetición […] a menudo adquiere fuerza y contenido nuevo mediante la contextualización científica. Muchos artistas evocan procesos de la naturaleza mediante patrones repetitivos. La repetición refuerza el contexto científico"[67]. Y es que, como señala Ellen K. Levy, "en ciencia, la repetición es vital para probar el éxito de una hipótesis. También interviene en cada uno de los tres procesos genéticos básicos: replicación, transcripción y traducción"[68].

---

[63] Cfr. HERMAN, Arthur: *The cave and the Light. Plato versus Aristotle, and the Struggle for the Soul of Western Civilization*, Random House, Nueva York, 2013, pp. 61 y ss.

[64] *Ibid.*, p. 28.

[65] Cfr. ULLRICH, Anna Valentine: "Das Andere in der Wiederholung. Sinnstiftungsprozesse in der Musik und anderen Künsten", en CSÚRI, Károly y JACOB, Joachim (eds.): *Prinzip Wiederholung. Zur Aesthetik von System- und Sinnbildung in Literatur, Kunst und Kultur aus interdisziplinärer Sicht*, Aisthesis Verlag, Bielefeld, 2015, p. 179.

[66] Cfr. WALD, Christoph: *Wiederholung, Klangraum und Landschaft. Schubert Instrumentalmusik 1822-1828*, Wilhelm Fink, Múnich, 2016, p. 47.

[67] LEVY, Ellen K.: "Repetition and the Scientific Model in Art", in *Art Journal*, Primavera, 1996, Vol. 55, No. 1, Contemporary Art and the Genetic Code, pp. 79-84 (p. 79).

[68] *Idem.*

Desde un punto de vista musical la repetición ha tenido una extraordinaria importancia en técnicas y procesos musicales desde la Antigüedad, si bien es desde la Edad Media cuando tenemos pruebas escriturales de este aspecto, tanto a través de tratadistas como de documentos diversos como son, especialmente, las primeras manifestaciones de la notación musical. Una de las formas más importantes de la música occidental desde los primeros siglos de nuestra era —con raíces ancladas en el canto de la sinagoga y en la tradición judía— es la salmodia[69]. Esta forma de canto, basada en gran parte en comportamientos vinculados con el concepto de repetición, es uno de los procedimientos más antiguos dentro del canto litúrgico del cristianismo en la música occidental. El libro de los Salmos fue el códice oficial y la base de ese canto litúrgico que atraviesa toda la historia de la música en la iglesia cristiana hasta hoy. La salmodia, con sus formas distintas de articulación —solo frente a la comunidad, como canto responsorial y antifonal, etc.— conforma un desarrollo temporal en el que la alternancia y la repetición de fórmulas nacía también de la necesidad de integrar a la comunidad en la liturgia: el pueblo no podía conocer todos los textos de los salmos de memoria, por ello se simplificaba su participación. Las fórmulas de repetición debían ser sencillas, tanto en el texto como en las melodías. Las diversas presentaciones de la salmodia y su evolución en esta música litúrgica[70] dan testimonio de formas distintas de integrar la oración y la música en sistemas basados en la repetición, desarrollando fórmulas cada vez más complejas con el tiempo. Este mundo musical antiguo y primigenio tendrá, a través de la salmodia como técnica textual y musical, una importancia esencial en el desarrollo de las diferentes liturgias cristianas en Europa hasta la imposición progresiva desde el siglo VIII de la liturgia gregoriana. Este concepto de salmodia posee hasta hoy en día e incluso fuera del mundo musical un significado vinculado a repetición[71].

La introducción de una técnica como la de los modos rítmicos en el Ars Antiqua y en su Escuela de Notre Dame (siglo XIII) posibilitó, a partir de estructuras basadas en la repetición de diferentes pies métricos, el desarrollo de largas secuencias construidas a partir de la adición. Con ello se empezaron a desarrollar algunas estructuras y procesos de especial duración que imprimían —en base a la repetición como técnica— una presencia casi arquitectónica en el tiempo y en el material musical. Hasta Franco de Colonia (con su *Ars Cantus Mensurabilis*) la estructuración de estos pies en diversos *ordines* fue parte destacada de la teoría y la práctica musical[72]. La vinculación

[69] Cfr. Righetti, Mario: *Historia de la liturgia*, Biblioteca de Autores Cristianos, Madrid, 2012, pp. 1066 y ss.

[70] Cfr. Asensio, Juan Carlos: *El canto gregoriano. Historia, liturgia, formas…*, Alianza Música, Madrid, 2003, pp. 178 y ss.

[71] Por ejemplo, en el Diccionario de la RAE la tercera acepción de "salmodia" es "canto monótono, sin gracia ni expresión". El carácter repetitivo es consustancial al canto de los salmos desde el templo judío al salterio cristiano, y hoy como término sigue poseyendo esta vinculación, fuera ya de lo religioso, con lo repetitivo. Sinónimos suyos en diversos contextos hoy son canturreo, zumbido, tarareo o meramente repetición.

[72] Cfr. Rease, Gustave: *La música en la Edad Media*, Alianza Música, Madrid, 1989, pp. 327 y ss. Sobre los aspectos notacionales y los procesos constructivos a partir de la repetición en esta rítmica modal, articulada en "patterns", se puede consultar también Taruskin, Richard: *Music from Earliest Notation to the Sixteenth Century*, Volumen I, Oxforf University Press, Oxford, 2010, pp. 175 y ss.

con la prosodia grecolatina, desde una reflexión y articulación propias, hizo de esta rítmica un terreno destacadísimo en el desarrollo de la música medieval[73].

La técnica de la isorritmia, basada en el desarrollo en el tiempo de procesos de alturas (colores) superpuestos a procesos rítmicos (taleae) confiere a la música del siglo XIV e inicios del XV un perfil muy especial en su recurrencia a procesos de repetición que conllevan también sus posibilidades de variación y de construcción en la forma y en el tiempo. La repetición asumió un valor afectivo también en el momento en que un compositor hace uso voluntario y querido de ella. Inicialmente llegó a ser caracterizada, incluso, como un error poético. Es el caso de Gioseffo Zarlino (1517-1590) en su *Istitutione Harmoniche* (1558) cuando señala que "Non è lecito (repetire), ne in Prosa, ne in Verso (salvo se non fusse posto cotal cosa arteficiosamente, per mostrar qualche affetto) posse questi modi strani di parlare [...]"[74].

La repetición también ha encontrado perspectivas muy personales en la obra de muchos autores que han hecho de ella una cuestión de estilo personal: Anton Bruckner, o, en muchos aspectos, la música de Leoš Janáček son ejemplo de ello. En el lenguaje de ambos, por caminos muy distintos, la repetición es esencial para entender un estilo y unos procedimientos técnicos, armónicos, melódicos, rítmicos y formales en sus obras. Más allá de estos y otros ejemplos, será en el siglo XX realmente cuando la repetición adquiera un valor propio en múltiples propuestas que hacen de su uso una categoría de primer nivel. Ígor Stravisnki (*Le sacre du printemps* y otras muchas obras), por un lado, Maurice Ravel (*Bolero*), o Béla Bartók —que hace de la repetición un trasunto de muchas formas de su lenguaje— anteceden y desarrollan estas posibilidades antes de que autores como Oliver Messiaen, György Ligeti, Conlon Nancarrow y otro largo etcétera trazaran múltiples trayectorias en la aplicación de la repetición como categoría compositiva. A ello debemos aunar sin dudas la música minimalista norteamericana (Steve Reich, Philip Glass, John Adams, etc.)[75] y la de autores de otros contextos que han hecho de ella algo también determinante de un lenguaje artístico (Morton Feldman, Louis Andriessen o el español Carmelo Alonso Bernaola, etc., o autores actuales como Salvatore Sciarrino, Heiner Goebbels, Georg Friedrich Haas o Bernhard Lang). En este punto, es interesante y esencial destacar el papel que el ritmo y la repetición ha jugado y juega desde los inicios del jazz y otras formas musicales desde principios del siglo XX. Las estructuras musicales históricas del jazz, del flamenco o del rock han basado muchas de sus formas en estructuras basadas en la repetición, en el ritmo y en la secuenciación de estructuras reiteradas en la forma. De una forma extraordinaria estos aspectos se han constituido en elementos esenciales de multitud de formas musicales en las músicas populares y comerciales de los siglos XX y XXI, y

---

[73] En esta reinterpretación de la prosodia griega y su sistema métrico debe destacarse la importancia como base de referencia de los escritos de Aristóxeno de Tarento (354-300 a. C), o los de Hefestión de Alejandría (siglo II d. C), que aporta una visión muy amplia de esa métrica griega.

[74] ZARLINO, Gioseffo: *Le Istitutioni Harmoniche*, Gregg Press, Nueva York, 1966, p. 121.

[75] Estos autores tienden a presentar formas temporales y experiencias dramáticas de percepción basadas en la repetición de *patterns* variados de forma mínima. Los procesos se basan especialmente en desplazamientos del material en fases distintas y en mínimos cambios de *tempo*. Cfr. HIEKEL, Jörn Peter, y UTZ, Chistian (eds.): *Lexikon Neue Musik*, Metzler / Bärenreiter, Stuttgart / Kassel, 2016, p. 345.

en todos los géneros de las músicas urbanas. El pop, el rap, *hiphop*, *trap*, *trash*, reguetón y toda una serie de familias y géneros musicales actuales han estructurado sin excepción la morfología y el código lingüístico musical a través de procesos basados en el predominio absoluto de la repetición simétrica de estructuras rítmicas diversas. Y en un camino de idas y vueltas es interesante señalar cómo desde los años sesenta se han dado estéticas que han partido de premisas de las músicas anteriormente citadas (pop, tecno, rock psicodélico, etc.) para crear nuevos espacios híbridos en el terreno de la música contemporánea. Ejemplos de ello son Bernhard Lang (1957) con su ciclo *Differenz und Wiederholung* [*DW*] —más de 30 piezas desde 1998 para diversas plantillas instrumentales y vocales—, o Fausto Romitelli (1963-2004) con *Professor Bad Trip* (1998-2000) o *An Index of Metal* (2003). El trabajo de ambos autores es paradigmático en este sentido.

Sensu contrario sería interesante también observar búsquedas estéticas que inciden en la negación de la repetición en una obra musical, tanto a nivel macroestructural como en lo puramente microestructural. Ejemplos icónicos son *Erwartung*, para voz y orquesta (1909), de Arnold Schönberg, *Jeux*, para orquesta (1912), de Claude Debussy, o mucho más recientemente Brian Ferneyhough (1943), con su ópera *Shadowtime* (1999-2004) o Matthias Spahlinger (1951) con su propuesta para gran orquesta *Passage/Paysage*, de 1989-1990. Estos autores han enfocado sus ideas en articulaciones formales diversas, pero que confluyen y avanzan en el tiempo poniendo en cuestionamiento cualquier principio de repetición y la posibilidad de integrar elementos reconocibles en la memoria en la forma tradicional en que se ha dado en Europa en los últimos siglos; la idea es crear una deriva en la que el material avance por terrenos y procesos siempre diferentes. En cierta manera esto no difiere mucho de la textura y desarrollo del material musical en la polifonía francoflamenca del Renacimiento. Estos serían meros ejemplos entre otros muchos. La memoria "no es una repetición mecánica de lo vivido, sino una narración que debe ser siempre narrada de nuevo. […] Quien desee narrar o recordar muchas cosas debe olvidar o poder dejarlas a un lado"[76]. En el contexto de la música de la segunda mitad del siglo XX es donde —especialmente con el serialismo integral— más propuestas en este sentido se han dado, negando la repetición y el protagonismo de la memoria de forma clara. El concepto de *Moment-Form*, de Karlheinz Stockhausen, tiene aquí un especial protagonismo: nace de la búsqueda de un tiempo paralizado en el que se disuelva la dimensión de una línea de tiempo[77]. Lo interesante y cuestionable es cuál es el grado de variación necesaria para que la repetición deje de ser percibida como repetición, o visto de otra manera: cuál es el grado de variación que debe tener la repetición para que esta variación solo sea una forma de encubrir más o menos la propia percepción de la repetición[78].

---

[76] HAN, Byung-Chul: *Krise der Narration*, Matthes & Seitz, Berlín, 2023, p. 43.

[77] En este planteamiento destacan elementos como la no continuidad, la falta de desarrollo, la inexistencia de categorías de jerarquía, la arbitrariedad en la continuidad del material, estructuras en mosaico (en teselación), la ausencia de finalización del proceso musical establecido, y en definitiva la presencia de un presente continuo que excluye cualquier forma de percepción teleológica del material. Obras destacadas de esta ideación en la obra de Stockhausen han sido, por ejemplo, *Momente* (1962), *Mixtur* (1964), *Mikrophonie I* (1964) y *Mikrophonie II* (1965).

[78] WALD, *op. cit.*, p. 51.

La musicóloga Ivanka Stoïanova utilizó el concepto de "enunciado musical" para referirse a la presentación de un material musical tanto en el tiempo como en el espacio. Esta idea de discurso musical se puede extrapolar a la dimensión retórica y afectiva del discurso en música, tal como fue objeto de estudio por los tratadistas italianos del Renacimiento[79]. Stoïanova, más específicamente hablando de la música de después de la II Guerra Mundial, articuló una dialéctica entre los conceptos de *kinésis* y de *stasis*. Así, la música actual inventa sus propias leyes de generación en los procesos de producción de las diferencias. En este contexto deleuziano en el que se mueve Ivanka Stoïanova (1978) —*Différence et répétition* es de 1968— "el enunciado musical se engendra sobre la base de su único dispositivo formal, las diferencias"[80]. Así, "toda repetición, lo mismo sin ningún cambio aparente de material, es ya una diferencia por su disposición en el tiempo, por sus nuevos entornos y por la acumulación sonora precedente"[81]. Stoïanova señala, por tanto, dos tipos de repetición musical: una estática y otra dinámica. La primera se basa en el encadenamiento de los mismos materiales de forma estable que se vuelve sobre sí misma para engendrar la obra; la segunda se produce mediante las modificaciones del entorno y de los eventos sonoros, formada por la diferencia para constituir el enunciado musical y la generación de la propia obra[82]. La musicología tradicional se basa en la medida de los diferentes parámetros musicales —alturas, ritmos, densidades, timbres, etc., tanto en su presentación de forma simultánea como en su desarrollo en el tiempo— para determinar a través de estas variaciones el grado de relación entre la diferencia y la repetición.

> El enunciado musical es inevitablemente un proceso habitado por la tendencia a la estructuración y un fenómeno que se engendra como proceso sonoro en el espacio-tiempo. En este sentido el funcionamiento del enunciado musical se acerca a la productividad textual con su cinética multidimensional, con su *stasis* de estructuras "premeditadas", de simetrías "creadoras" y las fórmulas engendradas[83].

La reproducción mecánica del sonido también nos ofrece una forma de repetición, y como experiencia y como técnica abrió una perspectiva absolutamente nueva en la percepción del sonido y el tiempo. En un sentido mecánico —en cuanto a las técnicas de grabación y reproducción— hay que señalar la fecha de 1857, en París, cuando Édouard-Léon Scott de Martinville realizó y pudo repetir y reproducir acústicamente la voz de una mujer cantando. Solo unos años más tarde fue Thomas Edison quien ofreció otra posibilidad de reproducir y repetir algo previamente grabado[84]. Desde un punto de vista creativo el uso de la repetición como reproducción mecánica ha tenido interesantes propuestas en el terreno musical. Obras como *It's Gonna Rain* de

[79] Cfr. Díaz Marroquín, Lucía: *La retórica de los afectos*, Reichenberger, Kassel, 2008, pp. 114-115.

[80] Stoïanova, Ivanka: *Geste-texte-musique*, Union Général d'Editions, París, 1978, p. 41.

[81] *Ibid.*, p. 41.

[82] *Ibid.*, p. 43.

[83] *Ibid.*, pp. 45-46.

[84] Cfr. Belinche, Daniel Horacio: *Tiempo y Espacio*, Editorial Académica Española, Saarbrücken, 2012, pp. 41ss.

Steve Reich (1936), de 1965, o *I Am Sitting in a Room*, de Alvin Lucier (1931-2021), de 1969, son ejemplos de variaciones resultantes de una reproducción mecánica sometida a transformaciones por las condiciones físicas de su propia reproducción.

En un sentido estético la repetición también puede presentar la perspectiva de un modo epigonal de trabajo. La orientación ecléctica hacia modelos del pasado para repetirlos ha encontrado en el siglo XX un terreno especial de desarrollo, especialmente en el periodo neoclásico o más tarde en el movimiento postmoderno. Este terreno de la repetición de modelos anteriores ha podido ser observado de forma peyorativa en algunos casos, y en otros como voz reivindicativa de postulados para una propuesta de arte válida también hoy y que ha encontrado sus propios terrenos de existencia en el arte actual[85].

Imitar a los antiguos, tal como señalaba Winckelmann en sus *Gedanken*[86], se articulaba como una contemplación de la naturaleza como modelo. En su teoría estética, Winckelmann desarrolló un nexo especial entre lo clásico y la naturaleza[87]. La reflexión sobre lo clásico en el arte ocupó un puesto relevante en el pensamiento desde el siglo XVIII y este vínculo será revisado especialmente por el movimiento romántico, con Herder inicialmente[88]. Este estudio encontrará su continuidad en la obra de Hegel. Conceptos como el de "progreso" contarán con una dimensión particular inseparable de la historia occidental desde entonces; desde un punto de vista estético, pero también social, político y económico, tales ideas siguen poseyendo un peso fundamental en nuestra sociedad capitalista occidental. El concepto de imitación parece central en este terreno. Aunque jugó un puesto destacado inicialmente en la música y en la danza —experiencias lejanas a la confrontación entre modelo y copia—, es en los campos de la pintura y la escultura donde la *mímesis* se presentó más tarde como tema central. El rechazo de Platón a los poetas y a la imitación nació de su búsqueda de instaurar "una nueva cultura de carácter escrito basada en la dialéctica y en la ciencia donde los filósofos, no los poetas, desempeñan una función principal"[89]. En este sentido es interesante —en el terreno de la música— el tránsito que se ha destacado desde un concepto inicial de *mímesis* a uno posterior de *representación*[90]. La transición no solo es de tipo filológico, sino también filosófico.

Confrontarnos con otras grandes culturas no occidentales como la india o la china, por ejemplo, nos permite observar formas muy distintas de relación con una idea de lo clásico. En ellas no se da el mismo campo de referencias de la cultura occidental.

---

[85] Cfr. NEYMEYR, Barbara: "Wiederholung als Symptom der Epigonalität. Zur Ästhetik der Reproduktion in Stifters Erzählung *Nachkommenschaften*", en CSÚRI, Károly y JACOB, Joachim (eds.): *Prinzip Wiederholung. Zur Aesthetik von System- und Sinnbildung in Literatur, Kunst und Kultur aus interdisziplinärer Sicht*, Aisthesis Verlag, Bielefeld, 2015, pp. 323 y ss.

[86] Cfr. WINKELMANN, Johann Joachim: *Gedanken über die Nachahmung der griechischen Werke in der Malerei und Bildhauerkunst*, Hofenberg, Berlín, 2016.

[87] Véase muy especialmente esta temática en WINKELMANN, Johann Joachim: *Historia de las artes entre los antiguos*, RABASF, Madrid, 2014.

[88] Cfr. SÁNCHEZ-VERDÚ, José María: *La escucha de la memoria*, Fundación Juan March, Madrid, 2022.

[89] GOMÁ LANZÓN, Javier: *Imitación y experiencia*, Pre-Textos, Valencia, 2003, p. 66.

[90] KIVY, Peter: *Sound and Semblance*, Princeton University Press, Princeton, 1984, p. 17.

En el arte chino el pasado no se mantiene a través de la conservación de lo original, sino mediante la de las formas. Dicho más claro: mantener la memoria del edificio de un templo significa conservar su idea (*ἰδέα*) sin tener ningún reparo en sustituir sus partes originales por copias nuevas en el mismo material. En el contexto del tema expuesto de la "nave de Teseo" esta perspectiva es especialmente interesante. Un ejemplo: el templo sintoísta de Ise, en Japón, se reconstruye completamente cada veinte años. En cambio, la necesidad occidental de mantener lo verdadero y primigenio del material original —un elogio de la ruina como forma de recuerdo— es una característica de su enfrentamiento con el pasado. Los conceptos de "original" y "copia" —lo que se ha llamado en chino *fuzhipin* [複製品], "copia original"— juegan un papel muy diferente en el pensamiento oriental y en el occidental. Este último posee una visión arqueológica y el deseo de hacer perdurar e incluso realzar lo original de un objeto artístico del pasado. En el arte chino, en cambio, el concepto de "ruina" carece del mismo sentido. Quizás esta vinculación con el pasado como visión originaria y arqueológica es una característica y necesidad propia de nuestra cultura. Quizás también por esto un concepto como el de "progreso", en términos generales, juega un papel distinto en Occidente y en Oriente. Sin embargo, frente a esta dicotomía entre dos pensamientos opuestos —Occidente *versus* Oriente— autores como Xavier Nueno han destacado claramente estas dos visiones o modelos en torno a la conservación del material y la forma de una construcción humana dentro de la propia evolución histórica occidental. En concreto el pensamiento medieval estaría más basado en el concepto de *sustitución*, es decir, la "posibilidad de actualizar el original en copias sucesivas"[91], mientras que el modelo *autoral*, presente en el Renacimiento, concebiría la originalidad "como algo directamente vinculado a las condiciones de producción de la obra"[92]; la continuidad del material, su conservación, es ahora parte de su originalidad. El Renacimiento es el primer periodo histórico en el que se posee una percepción panorámica del pasado: la contemplación de las ruinas abre una serie de reflexiones sobre su fragilidad y conservación[93]. El concepto de ruina poseerá un peso especial en el pensamiento posterior occidental, e incluso el culto a los monumentos será motivo de estudio por parte de autores significativos en el terreno del arte como Aloïs Riegl (1858-1905)[94].

Muchas culturas han basado el desarrollo de sus formas artísticas en la reproducción, la reedición de motivos y de esquemas[95]. Esta forma de repetición ha sido propia de culturas como la egipcia, la babilónica o la china. La propia cultura occidental también ha hecho uso de esta forma de repetición, desde la mitología a los temas religiosos, desde la tragedia griega hasta el teatro o la ópera. Los temas son repetidos y variados como ramas dentro del gran árbol de la cultura en una sociedad. Occidente, según Nancy, "no siempre ha despreciado la repetición (de los motivos de la tragedia,

---

[91] Nueno, Xavier: *El arte del saber ligero. Una breve historia del exceso de información*, Siruela, Madrid, 2023, p. 35.
[92] *Idem.*
[93] *Idem.*
[94] Cfr. Riegl, Aloïs: *El culto a los monumentos*, Antonio Machado Libros, Madrid, 1987.
[95] Nancy, Jean-Luc: *El arte hoy*, Prometeo, Buenos Aires, 2014, p. 62.

por ejemplo, o de aquellos de la imaginería cristiana…). […] El arte es un goce inscrito. El goce se repite a la medida de su espera infinita"[96].

La repetición plantea un territorio interesantísimo en la construcción de los espacios y de las formas. En el arte de la música la repetición, vinculada a la memoria y a la búsqueda de un cierto principio de coherencia constructiva, ha sido fundamental. La repetición y lo mecánico forman parte también de la creación artística y literaria hasta nuestros días. La integración de figuras de este tipo es consustancial al lenguaje musical barroco, y muchas figuras retóricas —como la *anaphora, epistrophe, analepsis, anaploche, epanalepsis,* etc.— nacen de este terreno[97]. No es de extrañar que Gilles Deleuze y Félix Guattari hayan tomado precisamente un término como el de *ritornelo* en su libro *Mille Plateaux.* Para ambos autores el *ritornelo* es "un prisma, un cristal de espacio-tiempo. Actúa sobre lo que le rodea, sonido o luz, para extraer de ello vibraciones variadas, descomposiciones, proyecciones y transformaciones"[98]. Incluso un objetivo final de la música puede ser "desterritorializar el ritornelo", como hace Robert Schumann; es decir, no tener un sistema, "tan solo líneas y movimientos"[99]. La repetición ha determinado formas musicales tan esenciales en la música occidental como el aria *da capo,* la fuga o la sonata. La desintegración posterior de estas formas de repetición fue de la mano de la evolución de nuevos lenguajes musicales. El desarrollo de la música atonal a principios del siglo XX buscó otras formas diversas de plantear y desarrollar el material musical desde un punto de vista morfológico y lingüístico. En estos terrenos, la repetición comenzó a implementar otras estrategias para las nuevas propuestas musicales, y esto será determinante en el lenguaje de numerosos compositores a partir de la II Escuela de Viena.

En el siglo XX el concepto de serialización adquirió también un importante papel, especialmente en la creación artística y en los múltiples medios de reproducción que se fueron desarrollando. Walter Benjamin observó este aspecto a principios del siglo XX ante el nuevo arte de la fotografía[100]. Gertrude Stein, con su "a rose is a rose is a rose", constituye también un generador en forma serial que resume este aspecto de la técnica de la serialización como modelo de creación. Sin embargo, aunque con frecuencia se vincule este concepto con el de repetición, se debe inferir a partir de un estudio más actual que lo serial no es siempre propiamente una repetición. Umberto Eco estudió la serialización en perspectivas múltiples, desde la mitología y la literatura hasta lenguajes musicales como el serialismo integral. En su libro *Vertigine della lista*[101] afrontó el estudio de la repetición a partir de listas de personajes, de lugares, de cosas, de medios, listas caóticas, prácticas, poéticas…, desde la *Wunderkammer* hasta la tras-

---

[96] *Idem.*

[97] Cfr. UNGER, Hans-Heinrich: *Die Beziehung zwischen Musik und Rhetorik im 16.-18. Jahrhundert,* Georg Olms, Wurzburgo, 1992, pp. 62 y ss. En castellano véase LÓPEZ CANO, Rubén: *Música y retórica en el barroco,* Amalgama Textos, Barcelona, 2012.

[98] Cfr. DELEUZE, Gilles y GUATTARI, Félix: *Mil mesetas. Capitalismo y esquizofrenia,* Pre-Textos, Valencia, 2008, pp. 351-352.

[99] *Ibid.,* p. 353.

[100] BENJAMIN, Walter: *La obra de arte en la época de su reproductibilidad técnica,* Abada, Madrid, 2008.

[101] Edición Española en ECO, Umberto: *El vértigo de las listas,* Lumen, Barcelona, 2009.

lación de la lista de cosas a la forma. Ante el caso paradigmático del pintor Giuseppe Arcimboldo, al crear formas pictóricas mediante el uso y plasmación de series de frutas y hortalizas o naturalezas muertas, Eco señaló que se producía una forma "discordante, deformada, y lo que prevalece es la reunión de elementos diversos [...]"[102]. Esta masificación de formas seriales de reproducción, sin embargo, no sitúa el contexto solo en la idea de repetición. Para algunos autores este tema penetra en otros campos de la filosofía y de la historia del arte diferentes[103].

Deleuze se interesó mucho por las ideas planteadas a inicios de siglo por Henri Bergson (1859-1941), y bebió también de pensadores anteriores como Jean Wahl o Søren Kierkegaard. Las aportaciones de Bergson sobre una filosofía de la duración y el desarrollo enorme que hace del concepto de tiempo están presentes en Deleuze, que será su verdadero continuador[104]. La relación entre una filosofía del tiempo en Bergson y una de la temporalidad en Kierkegaard encuentra un espléndido campo de desarrollo en los posteriores escritos sobre el arte del cinematógrafo del propio Deleuze[105].

> [...] el punto de reunión entre la ontología de Bergson de la duración que utiliza Deleuze y el devenir del individuo en el tiempo de Kierkegaard, que conforman la imagen-movimiento y la imagen-tiempo, es que en ambos el devenir es una relación que acontece en el tiempo entre lo determinado, lo cerrado, y lo indeterminado, lo abierto; entre un plano trascendente y uno inmanente[106].

En este contexto del estudio de la duración, el tiempo y el ritmo (como Bergson) juega también un papel relevante otro autor francés como es Gaston Bachelard (1884-1962). Bachelard llega a hablar sobre las verdaderas metáforas de una filosofía dialéctica de la duración, y lo inscribe dentro de su estudio sobre el *rythme poétique* y la *rythmique généralisée*[107]. Para Bachelard la materia no posee un tiempo uniforme, y existe precisamente a través de sus características rítmicas. La estabilidad de la materia es solamente aparente: "es solo la resultante estadística de ritmos desordenados de sus componentes microscópicos"[108]. Aquí es revelador citar al escultor Eduardo Chillida (1924-2002) cuando hablaba sobre distintas velocidades en las materias de sus obras

---

[102] *Ibid.,* p. 131.

[103] BRONFEN, Elisabeth, FREY, Christiane, MARTYN, David (eds.): *Noch einmal anders. Zu einer Poetik des Seriellen*, Diaphanes, Zúrich, pp. 140 y ss.

[104] Cfr. BERGSON, Henri: *Philosophie der Dauer* (Selección de textos de G. Deleuze), Meiner, Hamburgo, 2013, o también sus lecciones sobre el concepto de tiempo en BERGSON, Henri: *Historia de la idea del tiempo*, Paidós, Barcelona, Buenos Aires y Ciudad de México, 2018. Sobre su relación con el pensamiento de Bergson véase DELEUZE, Gilles: *El Bergsonismo*, Cátedra, Madrid, 1987.

[105] Cfr. DELEUZE, Gilles: *La imagen-movimiento. Estudios sobre cine 1*, Paidós, Barcelona, 2012, y del mismo autor *La imagen-tiempo. Estudios sobre cine 2*, Paidós, Barcelona, 2004. Dos volúmenes más con textos de Deleuze en torno al cine salieron editados por la editorial Catus en Buenos Aires en 2018 y 2023.

[106] GARCÍA PAVÓN, Rafael: "La relación entre Søren A. Kierkegaard y Gilles Deleuze en la construcción de una filosofía cinemática como contemporaneidad ética", en *Revista de la Asociación Argentina de Estudios de Cine y Audiovisual*, Buenos Aires, 2015, pp. 8-9.

[107] BACHELARD, Gaston: *La dialectique de la durée*, Quadrige, París, 2022, pp. 176 y ss.

[108] *Ibid.,* pp. 220-221.

(acero corten, alabastro, madera, papel…). También la materia y el espacio, e incluso los colores, presentan diversas velocidades[109].

La aportación de Deleuze en lo que respecta al estudio de los territorios del tiempo y del espacio es muy significativa. En conjunción con el filósofo Félix Guattari, a través de reflexiones que comprenden el pensamiento musical de Oliver Messiaen y de Pierre Boulez, ambos filósofos apuntan definitivamente a que "ya no hay un solo tiempo y un solo espacio donde todos los seres humanos se mueven y desarrollan su propia vida, sino una pluralidad de duraciones y de espacios, diferentes según las situaciones"[110]. Para Deleuze y Guattari "no hay unidades de medida, sino únicamente multiplicidades o variedades de medida"[111]. Los nuevos campos aportados en torno al concepto de "rizoma", de "ritornelo", o de "desterritorialización" marcan una nueva reflexión sobre aspectos como el tiempo, su medida y la repetición. El trabajo planteado en *Rhizome* (*Rizoma*, de 1976)[112] y sobre todo en la fundamental obra ya citada, *Mille Plateaux*, por los dos filósofos supone un punto clave que cambia muchos paradigmas en este sentido. En concreto, el concepto de "rizoma" apuntado confronta a la noción de estructura otra que se caracteriza por estar constituida por "[…] líneas de segmentaridad, de estratificación, como dimensiones, pero también línea de fuga o de desterritorialización como dimensión máxima según la cual, siguiéndola, la multiplicidad se metamorfosea al cambiar de naturaleza"[113].

Antes de llegar a los conceptos de "rizoma", "meseta" o "desterritorialización", que atañen a aspectos musicales como el ritmo, el tiempo o la forma, Deleuze publica en 1968 un estudio determinante sobre el concepto de la repetición con su citado libro *Différence et répétition*. Para este filósofo francés hay dos tipos de repetición: la repetición-medida, como división regular del tiempo, como recurrencia isocrónica de elementos idénticos,[114] y la repetición-ritmo, en la que bajo la apariencia de la anterior se subsumen mundos en los que la asimetría y la desigualdad entre puntos crean algo desigual que es más profundo en su ser que la mera repetición material y pura de la repetición-medida[115].

Una mayor profundidad sobre las posibilidades específicas de la repetición desde una filosofía de la tecnología nos puede llevar a una especial precisión. Yuk Hui, siguiendo los pasos de Quentin Meillassoux, ha recogido tres posibilidades sobre la repetición con diferente nombre según su especificidad: la *repetición* como presentación de un mismo objeto que se repite en el espacio o en el tiempo, y que es de naturaleza diferencial y limitada (como una melodía que se repite, que es siempre la misma pero

[109] UGARTE, Luxio: *Chillida: Dudas y preguntas*, Erein, San Sebastián, 2007, pp. 70 y ss. Véase también CHILLIDA, Susana (edit.): *Elogio del horizonte. Conversaciones con Eduardo Chillida*, Destino, Barcelona, 2003, p. 53.

[110] BORGHI, Simone: *La casa y el cosmos. El ritornelo y la música en el pensamiento de Deleuze y Guattari*, Cactus, Buenos Aires, 2008, p. 8.

[111] DELEUZE, Gilles y GUATTARI, Félix: *RIZOMA*. Introducción, Pre-Textos, Valencia, 2003, p. 20.

[112] *Idem.*

[113] *Ibid.*, p. 48.

[114] DELEUZE, Gilles: *Diferencia y repetición*, p. 49.

[115] *Ibid.*, 50.

produce una variación de tipo sensible)[116]; la *iteración* como presentación de una identidad pura que no produce diferencias sensibles en su repetición[117]; y en tercer lugar la *reiteración*, concepto que entra "en el territorio diferencial de la iteración: la posibilidad de pensar las diferencias por fuera del ámbito de la repetición sensible"[118]. En esta tercera categoría Hui se pregunta si no estaría Meillassoux hablando en realidad de *recursión* como concepto, contemplándolo desde las matemáticas o desde la computación.

La repetición en la conformación de formas y construcciones ha jugado también un papel esencial en numerosas propuestas poéticas, literarias y dramatúrgicas. También en el cine la repetición ha establecido otros mecanismos que atañen a la construcción de un film desde aspectos esenciales del propio cine (que no es la literatura). En el montaje y en la conformación de las secuencias la repetición puede presentar un papel determinante. En una filosofía del arte actual, ante los nuevos caminos y procesos diferentes a la tradición, habría que apuntar como elementos determinantes, en palabras de Simón Marchán Fiz, "las desviaciones perceptivas en la quiebra de la representación, las desviaciones de finalidades en los objetos e imágenes apropiados, los modos del principio abstracción como instaurador de mundos, la liberación del automatismo perceptivo y psíquico, el azar, el extrañamiento, las descontextualización, los desplazamientos, las violaciones, los dispositivos de la repetición y serialización, los impulsos alegóricos, etc."[119]. La repetición juega un destacado papel, y desde la filosofía se observa una especial plasmación artística y literaria de este concepto en obras de muy diverso género.

La repetición atraviesa el terreno de muchas disciplinas en el arte actual. En este marco se podría destacar, dentro de la literatura, el libro de Alain Robbe-Grillet (1922-2022) *La reprise* (de 2001)[120], que es un especial homenaje a Kierkegaard en este sentido. En el contexto de las propuestas en la novela del llamado *Nouveau Roman* francés destacan nombres como el citado Robbe-Grillet, Marguerite Duras, Claude Simon o Nathalie Sarraute. De maneras diversas muchos de ellos plasman formas de pensamiento en contextos diversos en los que la repetición juega un papel destacado. En el mundo del cine, el propio Robbe-Grillet fue guionista de la película *L'Année dernière à Marienbad* [*El año pasado en Marienbad*], de 1961, del director francés, Alain Resnais (1922-2014), perteneciente a su vez a una generación de cineastas franceses denominada *Nouvelle vague*. Este movimiento aportó nuevas perspectivas creativas en el cine que atañían especialmente —en el terreno de la repetición— a la técnica del montaje, al guion o a la fotografía. El filme *L'Année dernière à Marienbad* plantea una destacada vinculación con una novela anterior de Adolfo Bioy Casares (1914-1999), *La invención de Morel*. Esta novela de 1940 es un elogio de la repetición en su ideación y en toda la trama desplegada. La acción en una isla —*locus* del relato— surge de una

---

[116] HUI, Yuk: *Recursividad y contingencia*, Caja negra, Buenos Aires, 2022, p. 373.

[117] *Ibid.*, p. 373.

[118] *Idem.* Aquí Yuk Hui cita a Meillassoux de forma directa.

[119] MARCHÁN FIZ, Simón: *Las "querellas" modernas y la extensión del arte*, Discurso de ingreso en la Real Academia de Bellas Artes de San Fernando leído el 25 de noviembre de 2007, RABASF, Madrid, 2007, p. 94.

[120] Cfr. ROBBE-GRILLET, Alain: *La reanudación*, Anagrama, Barcelona, 2003.

desconcertante multiplicidad de imágenes en movimiento proyectadas por una máquina que juega con la repetición de las imágenes y con los conceptos de realidad y virtualidad sobre el lugar y su personaje protagonista, que es espectador de diversas capas de tiempos y proyecciones sobre una realidad cada vez más confusa. Temas como la inmortalidad, la soledad, el control como forma de poder, etc., quedan subsumidos en la repetición como eje de todo el desarrollo de esta novela fantástica. Estas tres obras mencionadas —entre otras muchas posibles—, con sus interrelaciones, son meros ejemplos en que los que la repetición se alza como génesis y esencia de su creación.

En el campo del teatro español podríamos citar la obra de Pedro Manuel Víllora (1968) *Bésame macho*[121], que hace bascular la percepción formal de la obra y su contenido en una repetición que tiene lugar durante el desarrollo de la obra en varios momentos, constituyendo formalmente un efecto dramático muy sutil pero fundamental al iniciarse tres veces sucesivamente durante la dramaturgia de la obra. Cada reinicio es idéntico, pero aporta una carga dramática diferente. La diferencia en la igualdad constituye su nueva perspectiva. Es una reflexión sobre la memoria, la reiteración y la variación psicológica y teatral de la trama y de las relaciones entre los personajes; nace de la percepción de un mismo material semántico en diferentes momentos temporales de un desarrollo teatral y dramático. Sin esta carga semántica añadida se puede citar una obra musical de Salvatore Sciarrino (1947), que usa la misma técnica, pero en un discurso musical; *Esplorazione del bianco II* (para flauta, clarinete bajo en Si bemol, guitarra y violín, de 1986)[122] se inicia de forma sucesiva dos veces. El juego con la memoria en su enunciado musical conlleva diferentes formas de percibir esta igualdad en su secuenciación en el tiempo: exige una escucha muy aguda, cambia el contexto oído y suma la erosión del tiempo y los estratos que van añadiéndose a la memoria.

En música la repetición es una categoría esencial en múltiples niveles de creación y plasmación, tanto en el ámbito de la forma musical como en los elementos morfológicos que constituyen cada tipología de lenguaje.

---

[121] VÍLLORA, Pedro Manuel: *Bésame macho*, Centro de Documentación Teatral, Madrid, 2001.
[122] Obra editada por Ricordi (Milán, 1996).

2. SOBRE EL ESPEJO

*Tú piensas que eres,
mas no eres y jamás has existido.*
Ibn 'Arabî

Dentro del campo de la repetición y de la imagen, el espejo ha constituido desde antiguo una parcela enormemente particular con un gran trasfondo en los terrenos de lo religioso, lo místico o lo simbólico. El espejo ha sido y es, sin duda, una forma simbólica por antonomasia. En el espejo encontramos también campos que han marcado otros terrenos de la historia del arte y de la filosofía. El propio origen mítico de la pintura nace del uso del reflejo, de la sombras, como formas especulares. Plinio el Viejo, en el siglo I d.C., trazó el mito del origen de la pintura a través de su formulación literaria. La representación de un modelo hecho a partir de la sombra o de la imagen marca el inicio mitológico de lo que será el arte de la pintura. Tanto el citado Plinio, en su *Naturalis historia*, como Quintiliano en su *Institutio oratoria*, recogen este mito; su nacimiento está en la fijación en el barro de la proyección de la silueta de una sombra. Es interesante, como señala Nuccio Ordine, que los orígenes del arte de la pintura no están en la observación directa de un modelo, sino "en la reproducción de la proyección del modelo, es decir, en su sombra"[123]. Platón ya escribió que

> [...] todos los poetas, comenzando por Homero, son imitadores de imágenes de la excelencia y de las otras cosas que crean, sin tener nunca acceso a la verdad; antes bien, como acabamos de decir, el pintor, al no estar versado en el arte de la zapatería, hará lo que parezca un zapatero a los profanos en dicho arte, que juzgan sólo en base a colores y a figuras[124].

Tras Plinio y Quintiliano hay que añadir muchísimo más tarde, en el siglo XV, una revisión del mito de la invención de la pintura por Leon Battista Alberti. Alberti vincula el motivo de la sombra, presente en los dos autores anteriores, con el mito de Narciso, uniendo la imagen de este personaje con la superficie del agua en una fuente. Las dos mitades especulares de un cuadro como el *Narciso* de Caravaggio encarnan "no solo la relación que se establece entre la obra y el autor, sino también la relación que se crea entre copia y modelo"[125].

La pintura solo puede representar una ausencia. Y lo mismo cabe decir del espejo. Tanto Victor I. Stoichita[126] como Ernst H. Gombrich[127] han estudiado muy especialmente este papel de la sombra en el arte occidental. En el mundo antiguo el espejo

---

[123] ORDINE, Nuccio: *El umbral de la sombra. Literatura, filosofía y pintura en Giordano Bruno*, Siruela, Madrid, 2008, p. 177.
[124] PLATÓN: *República*, Gredos, Madrid, 1986, p. 296.
[125] *Ibid.*, p. 220.
[126] STOICHITA, Victor I.: *Breve historia de la sombra*, Siruela, Madrid, 1999.
[127] GOMBRICH, Ernst H.: *Schatten. Ihre Darstellung in der abdenländischen Kunst*, Wagenbach, Berlín, 2009.

fue un elemento recurrente en el terreno simbólico y en el de la vida cotidiana. Materiales concretos (el cobre, el bronce mezclado con estaño, piedras reflectantes, oro y plata, etc.)[128] sirvieron para buscar la mejor calidad posible de la imagen al otro lado de esas superficies. En todo caso, parece que aún estaban estos espejos muy lejos de la calidad que adquirirán más tarde. En múltiples terrenos de la Grecia antigua el espejo es especial protagonista: en la cerámica, como representación de los oráculos, entre los objetos del ajuar doméstico, en la poética (en la literatura, en la épica por ejemplo de un Apolonio de Rodas)[129], etc. En la sociedad etrusca, y posteriormente en Roma el espejo como objeto continúa siendo una figura destacada por la recurrencia de su representación. El espejo alcanzará una calidad técnica enorme con el tiempo, aunque sus superficies aún no podrán adquirir el tamaño que tendrán gracias a los procesos industriales posteriores. En la pintura francoflamenca el espejo juega un papel destacado: transforma la realidad sobre todo de las habitaciones y espacios privados que recorren gran parte de sus obras. El reflejo de la realidad de esos espacios es conjuntado con su deformación y con la presentación de otras claves de comprensión[130]. La catóptrica será una ciencia que expandirá su territorio de acción a través de todo el mundo de los periscopios, microscopios y otros aparatos técnicos que harán uso de los espejos en el mundo de las ciencias.

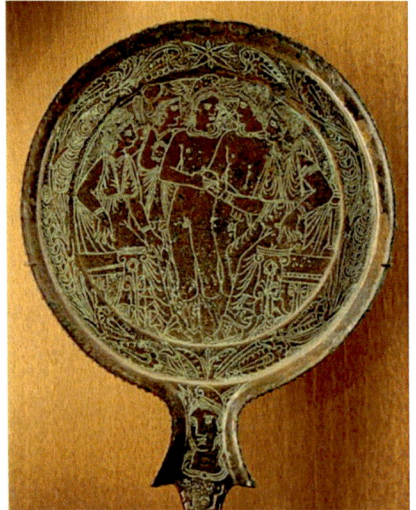

Figura 2. Espejo etrusco. 400-300 a.C.
Museo del Louvre, París.

---

[128] Cfr. Martínez, Óscar: *El eco pintado. Cuadros dentro de cuadros, espejos y reflejos en el arte*, Siruela, Madrid, 2023, pp. 206-207.

[129] Cfr. Balensiefen, Lilian: *Die Bedeutung des Spiegelbildes als ikonographisches Motiv in der antiken Kunst*, Ernst Wasmuth Verlag, Tubinga, 1990.

[130] El libro de Jean-Philippe Postel sobre el célebre retrato de Van Eyck —*Retrato de Giovanni Arnolfini y su esposa*— es paradigmático en este sentido. Véase Postel, Jean-Philippe: *El affaire Arnolfini. Investigación sobre un cuadro de Van Eyck*, Acantilado, Barcelona, 2023.

Se puede señalar —siguiendo con la pintura— que no hay un cuadro que haya dejado mayor número de comentarios e interpretaciones que *Las Meninas* de Velázquez, precisamente por la ambivalencia que presenta un espejo al fondo de la imagen. La aparición del espejo nos puede incluir e interrogar como espectadores en un trasunto de ejes y perspectivas en los que quedamos absorbidos. Este cuadro magistral, pintado en 1656, nos sitúa ya en ese momento histórico en la reflexión que la imagen propone ante nuestra mirada y la repetición como derivación. Michel Foucault, sobre esta forma de representación y tratando este cuadro de Velázquez, señaló que "el espejo asegura una metátesis de la visibilidad que hiere a la vez al espacio representado en el cuadro y a su naturaleza de representación; permite ver, en el centro de la tela, lo que por el cuadro es dos veces necesariamente invisible"[131]. No en vano cuando el escritor Théophile Gautier se situó delante del cuadro de *Las meninas* preguntó: "¿Pero, dónde está el cuadro?"[132].

El espejo nos ofrece una reflexión constante sobre el concepto de repetición. El espejo duplica, expande y transforma de formas muy diversas las imágenes; nos hace partícipes de un terreno que aborda desde lo místico hasta el juego, la magia, la fiesta o la tecnología. El espejo y la sombra, en este sentido, son, además, dos formas de ausencia. Desde la Antigüedad, el espejo ha sido un objeto vinculado con la adivinación y con los oráculos. La catoptromancia era parte integrante de los lugares de los oráculos y de los cultos mistéricos[133]. Los caleidoscopios quizás sean, en último extremo y en el sentido de la fantasía y la variabilidad, el caso más complejo y rico de multiplicación y repetición de imágenes que podemos encontrar en este mundo de los espejos. En palabras de Agnès Minazzoli:

> El espejo aquí casi podría dar a la repetición su sentido kiergegaardiano de reprise y de renacimiento en la medida en que se perpetúa un instante y de manera que se convierte en algo siempre único y siempre nuevo[134].

El espejo, durante mucho tiempo, también ha sido un vehículo de unión con lo infernal y lo demoníaco. En la iconografía medieval el espejo es representado con mucha frecuencia como un instrumento del demonio[135]. Hasta bien entrado el siglo XIX este testimonio de vinculación del espejo con lo demoníaco ha estado presente en zonas rurales de varios países europeos, como ha estudiado Corbin[136]. El espejo continuaba amparando la vanidad como pecado, y la madrastra de Blancanieves preguntaba a su espejo si había alguien más hermosa que ella. Los espejos existían rodea-

---

[131] FOUCAULT, Michel: *Las palabras y las cosas*, Siglo XXI, Madrid, 1997, p. 18.

[132] MURENA, H. A.: *La metáfora y lo sagrado*, El cuenco de plata, Buenos Aires, 2012.

[133] Cfr. ADDEY, Crystal: "Mirrors and Divination: Catoptromancy, Oracles and Earth Goddesses in Antiquity", en ANDERSON, Miranda (ed.): *The Book of the Mirror. An Interdisciplinary Collection Exploring the Cultural Story of the Mirror*, Cambridge Scholars Publishing, Newcastle, 2007, pp. 32 y ss.

[134] MINAZZOLI, Angès: *La première ombre. Réflexion sur le miroir et la pensé*, Les Éditions de Minuit, París, 1990, p. 55.

[135] BALTRUŠAITIS, Jurgis: *Lo specchio. Rivelazioni, inganni e sciencie-fiction*, Adelphi, Milán, 2007, p. 196.

[136] Cfr. IBÁÑEZ, Andrés (ed.): *A través del espejo*, Atalanta, Gerona, 2016, p. 29.

dos de supersticiones y además seguían siendo objetos raros y difíciles de encontrar. Los vampiros no se reflejaban en los espejos por carecer precisamente de alma. Solo la evolución de la técnica posibilitó llegar desde lo excepcional de su uso y su poca calidad a los espejos actuales, que en calidad, claridad y tamaño han cambiado totalmente su presencia en nuestras vidas. Hoy en día, en la arquitectura, en la decoración interior, en los periscopios para indagar el cosmos, etc., los espejos representan otra dimensión que nos circunda y multiplican nuestra imagen en todos los contextos científicos y cotidianos. Esto no era así en la Antigüedad.

En el Humanismo italiano del *Quattrocento*, y principalmente en el pensamiento neoplatónico de autores como Marsilio Ficino (1433-1499), el espejo aparece como un medio de transmisión del orden divino; es una forma de reflejo de la imagen armónica de Dios en toda su creación[137]. En el mundo de la mística europea del siglo XVI la figura del espejo creó simbologías de gran inventiva y profundidad. San Juan de la Cruz desplegó todo un alarde de figuras e imágenes que incluían el espejo como realidad mística. En su obra cumbre, el *Cántico espiritual*, el agua, el reflejo y la fuente son símbolos de enorme importancia. La mirada se alza en protagonista: la Amada observa y pide a la fuente el reflejo de una mirada, la de su buscado y anhelado Amado; el espejo pasa a ser la mirada del Amado, pero a la vez "Amado y Amada se ven y se ven en una misma mirada".[138] La fuente se constituye en el espejo simbólico de este desdoblamiento que conduce a la unidad. La unión se consuma solo a través de la visión. Además, el agua de la fuente conlleva la transparencia absoluta al encuentro entre Amado y Amada: "hay en ese momento una teoría de espejos que se desvanecen, pues —desnudos de imágenes— son solo reflejo de un mirar en el que la unión se consuma"[139]. San Juan de la Cruz es un continuador de la gran tradición del sufismo islámico. Y el neoplatonismo confiere un trasunto especial a este misticismo. El ser que ha buscado al Amado a través de los mundos sensibles, al volver al santuario de su casa, se da cuenta de que "el Amado real es tan interior a su ser que ya no busca al Amado más que por el Amado"[140]. La mirada y el espejo, en este ámbito místico, convergen en estos sublimes versos de San Juan:

> ¡Oh cristalina fuente,
> Si en esos tus semblantes plateados
> Formases de repente
> Los ojos deseados
> Que tengo en mis entrañas dibujados![141]

---

[137] Tema tratado especialmente en su *Compendium in Timaeum*, centrado en el *Timeo* platónico. Cfr. PRINS, Jacomien; "Mirrors as Transmitters od Divine Harmony in Marsilio Ficino's Compendium in Timaeum", en ANDERSON, Miranda (ed.): *The Book of the Mirror…*, pp. 80 y ss.

[138] VALENTE, José Ángel: *Variaciones sobre el pájaro y la red. La piedra y el centro*, Tusquets, Barcelona, 2000, p. 81.

[139] *Ibid.*, p. 82.

[140] CORBIN, Henry: *La imaginación creadora en el sufismo de Ibn 'Arabí*, Ediciones Destino, Madrid y Barcelona, Barcelona, 1993, p. 186.

[141] SAN JUAN DE LA CRUZ: *Cántico espiritual*, Obras completas, Biblioteca de Autores Cristianos, Madrid, 2002, p. 128.

Domingo Ynduráin ha vinculado este símbolo de la fuente con el mito de Narciso[142]. La gran especialista en la mística Luce López-Baralt, además, ha incidido en el origen oriental de esta simbología y la emparenta con las imágenes proyectadas por algunos maestros sufíes. López-Baralt ha resaltado que la Amada de San Juan descubre que en ese espejo de la fuente ha perdido su propio rostro, su identidad.[143] Ibn 'Arabî y otros maestros sufíes de Al-Ándalus no dejaron de estar presentes en la escritura del santo de Fontiveros, así como en ese hermanamiento que este místico desarrolló a través de su relectura de muchos elementos simbólicos del semítico *Cantar de los cantares* —la auténtica referencia en espejo del *Cántico*— y toda la imaginería que empapa estos versos atribuidos a Salomón. El uso de las imágenes no deja de ser un *continuum* de reminiscencias neoplatónicas y semíticas que atraviesan este contexto, desde ese mundo de Al-Ándalus y sus maestros sufíes hasta los dos grandes místicos cristianos del occidente cristiano, el citado San Juan y Santa Teresa de Jesús. Y en esa genealogía, en ese árbol de la literatura de que hablaba Juan Goytisolo, podemos seguir encontrando ramas fértiles que han seguido fructificando hasta el siglo XX. La simbología religiosa y espiritual está siempre unida a esta figura del espejo. Como elemento simbólico alberga un mundo de extrema profundidad en la cultura occidental.

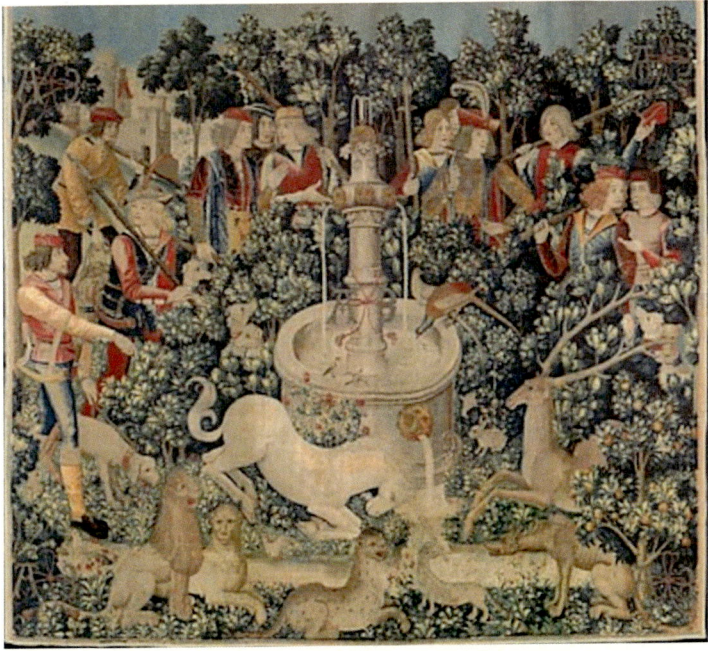

Figura 3. "El unicornio y la fuente".
Tapiz del ciclo denominado *La caza del unicornio* (fechado entre 1495 y 1505).
The Metropolitan Museum of Art de Nueva York.

---

[142] YNDURÁIN, Domingo: *Aproximación a San Juan de la Cruz: las letras del verso*, Cátedra, Madrid, 1990, p. 36.
[143] LÓPEZ-BARALT, Luce: "El narcisismo sublime de san Juan de la Cruz: la fuente mística del «Cántico espiritual», en *Ínsula*, vol. 537 (sept. 1991), pp. 13-14.

El espejo es un multiplicador de imágenes. Observarse uno mismo en un espejo significa en primer lugar verse dos veces. Y a partir de ahí surge la posibilidad de empezar a multiplicar la imagen por un número ilimitado de veces. El infinito parece residir también en el espejo. El tema del doble será una rama destacada de esta multiplicidad del espejo: aparece en numerosas ocasiones a partir del Romanticismo alemán y deviene un tema recurrente en adelante. Aunque el término *Doppelgänger* se atribuye a Jean Paul (1763-1825)[144] y aparece en obras suyas con mucha frecuencia, señalando una cierta fascinación con este tema —es el caso, por ejemplo, de sus obras *Hesperus*, *Siebenkäs*, *Titan*, etc.—, es en E.T.A. Hoffmann (1776-1822) con quien alcanzaría una extraordinaria repercusión esta figura especular doble. En obras como *Historia de la imagen perdida en el espejo*, entre otras, es donde este autor despliega y canoniza una figura como el espejo, que constituirá un tema muy particular de ese romanticismo alemán. *El retrato de Dorian Gray,* de Oscar Wilde, o algunos relatos de Edgar Allan Poe, entre otros ejemplos, presentan el espejo como un elemento central y fundamental de la trama. De la literatura, esta figura del *Doppelgänger* pasó enseguida también a la música. Franz Schubert lo hizo en su lied *Der Doppelgänger*, compuesto en 1828 y basado en un texto poético homónimo de Heinrich Heine (1797-1856), autor también fundamental de este mundo alemán. La figura del doble aparece apuntada, sin embargo, mucho antes: Santo Tomás —que en arameo significa "gemelo"— constituye la visión de una figura de una entidad que puede ser imagen y modelo, una división en que se puede ser el mismo y lo otro, desdoblándose en él y su reflejo. Los seres dobles van unidos a la magia, a lo que es y lo que no es.[145]

A inicios del siglo XX el espejo sigue siendo una referencia en sus dimensiones místicas y de enigma. En la poesía el espejo no podía dejar de jugar un papel destacadísimo —tras lo apuntado anteriormente en torno a un Ibn 'Arabî o a un San Juan de la Cruz, entre tantos otros ejemplos—, y encuentra un digno heredero en la gran obra poética de Rainer Maria Rilke (1875-1926). En uno de poemas al final de su vida recoge esta figura, y escribe en uno de sus *Sonetos a Orfeo*:

> Spiegeln: noch nie hat man wissend beschrieben,
> Was ihr in euren Wissen seid.

> [Espejos: todavía no ha descrito nadie a sabiendas
> lo que vuestra esencia sois][146].

Jurgis Baltrušaitis (1903-1988) ha sido uno de los más destacados estudiosos de la figura del espejo en la historia a través de un libro fundamental[147]. Así, ha escrito que

---

[144] El término *Doppelgänger* es usado por Hoffmann y Heine en su grafía antigua como *Doppeltgänger* ya en las primeras décadas del siglo XIX. La traducción literal sería "el que camina al lado".

[145] Cfr. AZARA, Pedro: *Castillos en el aire*, Gustavo Gili, Barcelona, 2005, pp. 152 y ss.

[146] RILKE, Rainer Maria: *Sonette an Orpheus*, Insel Verlag, Leipzig, 1923, p. 37.

[147] BALTRUŠAITIS, Jurgis: *Lo specchio. Rivelazioni, inganni e sciencie-fiction*, Adelphi, Milán, 2007.

> […] el espejo es también jeroglífico de la falsedad. Multiplicado, diversamente dispuesto o diversamente curvado, transforma las apariencias de la vida desentrañándose y se nos reforma liberándose totalmente de sus medidas y de su equilibrio[148].

Un aspecto fascinante y perturbador del mundo de la imagen y del espejo es, a mi parecer, la ausencia de sonido: es mudo. Los espejos solo reflejan y devuelven la mirada, la imagen. El sonido queda inmerso en un absoluto silencio. Los espejos camuflan cualquier tipo de sonido. Nunca oiré la voz de mi reflejo. En el mito de Narciso se unen, a través de las palabras de Ovidio, el mundo del espejo con el mundo del eco.[149] Aunar ambos mundos quizás constituya una utopía fascinante que queda como territorio para la imaginación.

En el campo de la magia y la fantasía el espejo ha encarnado —y continúa haciéndolo hoy— un abanico enorme de posibilidades. Y en el terreno del teatro ha constituido desde la Antigüedad también un marco incomparable para desplegar las imágenes, para repetirlas de forma exponencial y crear nuevos mundos visuales. Los espejos teatrales fueron un terreno muy rico de propuestas y de investigación desde el Renacimiento, aunque en el mundo romano ya se constata su uso, por ejemplo con el templo de la Fortuna que mandó construir Nerón, que presentaba un tipo de piedra especular que pretendía hacer vibrar todo su interior desde el punto de vista de la imagen[150]. Leonardo da Vinci o Della Porta fueron también artífices de propuestas como los espejos teatrales pentagonales, que se construían a través de una pequeña cámara en forma de pentágono en la que sus cinco lados, por el interior, ofrecían espejos que multiplicaban el número de imágenes a partir del original. Incluso más tarde se avanzó hacia figuras geométricas mayores que el pentágono. Para López Villalba "el espejo constituye, pues, un espacio liminar en tanto que puede funcionar al tiempo como umbral y como puerta hacia otro lugar desconocido con las connotaciones que esto comporta y que lo han ligado desde la Antigüedad a la magia, la brujería y lo desconocido[151].

Toda la magia de estas y otras propuestas fueron recogidas en el célebre Palazzo dei Miraggi del Museo Grévin de París, construido en 1882, y sobre el que también escribe Baltrušaitis[152]. Como elemento barroco por excelencia su utilización crea un mundo de imágenes reflejadas, de espacios virtuales y una vibración sorprendente de los espacios y las superficies. Un ejemplo excepcional de ello, también en este sentido, es la iglesia de San Luis de los Franceses en Sevilla[153]. La multiplicación de imágenes en propuestas teatrales convergía también con el lado religioso —desde Santo Tomás al mismo Lutero— al

---

[148] *Ibid.*, p. 281.

[149] Cfr. OVIDIO: *Metamorfosis*, Cátedra, Madrid, pp. 293 y ss.

[150] BALTRUŠAITIS, Jurgis: *Lo specchio…*, pp. 261 y ss.

[151] LÓPEZ VILLALBA, Almudena: "Dentro del espejo. la máquina catóptrica o espejo teatral", en *Acotaciones*, nº 42, pp. 15-36 (p. 19).

[152] *Ibid.*, p. 265.

[153] El complejo de San Luis de los Franceses, que incluye esta iglesia, fue construido entre 1699 y 1731 por el arquitecto Leonardo de Figueroa. En su ideación y desarrollo destaca un amplio programa de contenido simbólico que une la retórica, lo teatral, las artes plásticas y el artificio de manera sublime.

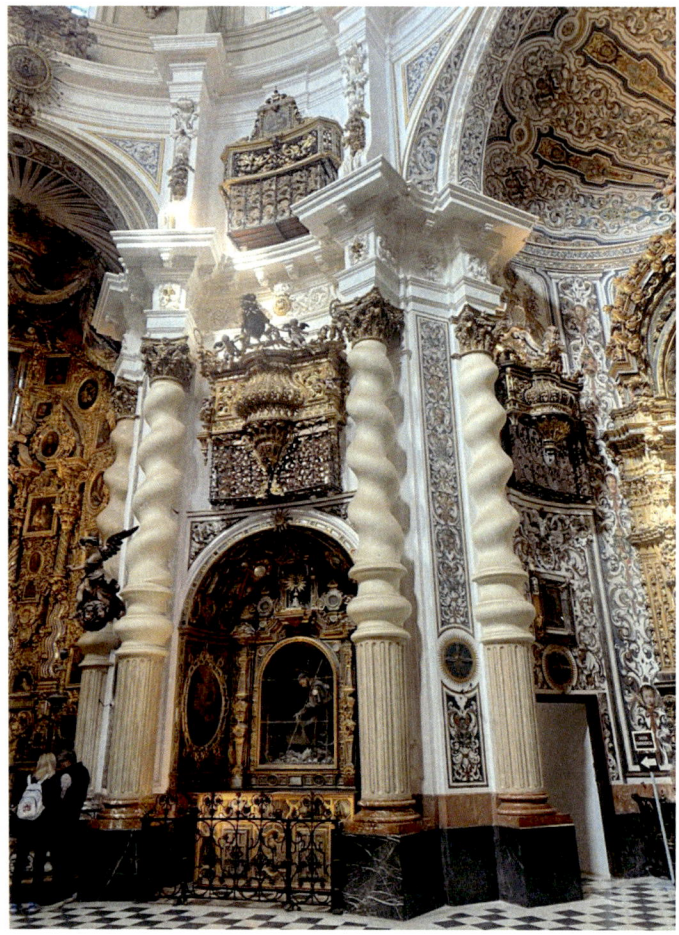

Figura 4. San Luis de los Franceses (Sevilla).
Fotografía del autor.

confirmarse que un espejo completo solo refleja una imagen, mientras que un espejo fragmentado o un conjunto de espejos recoge, en cambio, una multiplicidad de imágenes[154].

Un ejemplo fascinante de la integración del espejo dentro de la pintura —aparte de *Las Meninas* de Velázquez y otros— es *El lavatorio* de Tintoretto. Tintoretto no solo presenta una escena en el fondo del lienzo que parece un espejo de algo, sino que su ideación está vinculada a la posición del cuadro en el espacio. Actualmente esta obra está en el Museo del Prado. Se debe señalar que en su disposición original Tintoretto contó no solo con su cuadro citado a la derecha en una capilla, sino que frente a él estaba situado otro que es realmente el que se refleja en el pequeño espacio del espejo del primer cuadro. La obra estaba en el presbiterio de la iglesia de San Marcuola en Venecia. El cuadro, al ser visto en escorzo por su lado derecho, desplaza la acción principal hacia el lado más cercano al espectador, y hacia su fondo y a su izquierda sitúa imágenes de la

---

[154] BALTRUŠAITIS, *op. cit.*, p. 265.

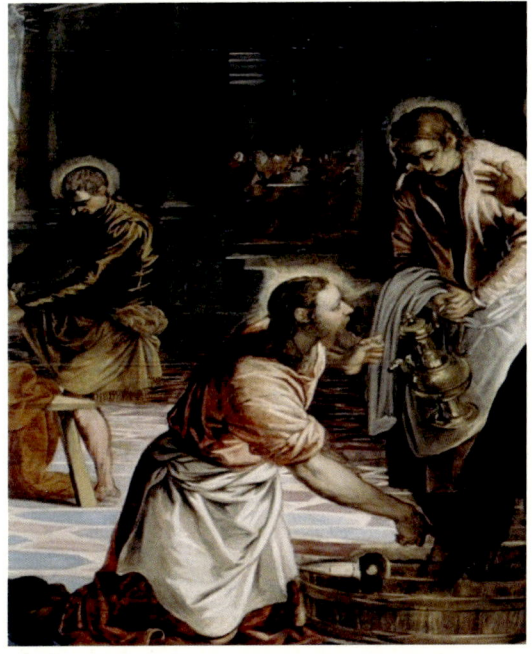

Figura 5. Tintoretto. *El lavatorio.*
Fragmento, con el espejo del otro cuadro sobre la cabeza de Jesucristo.
Museo del Prado.

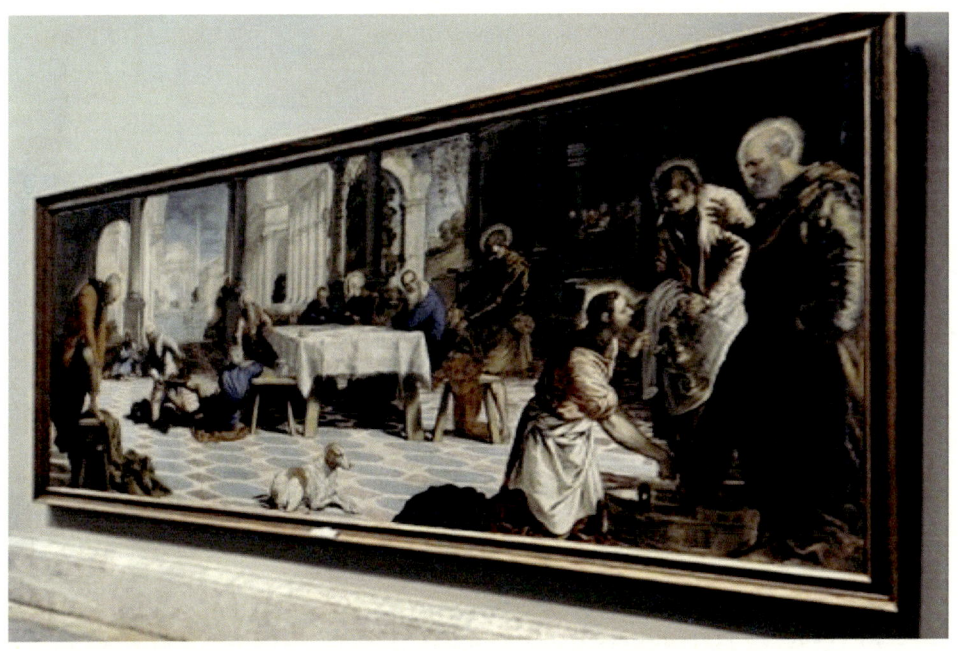

Figura 6. Tintoretto. *El lavatorio.*
Visión desde la derecha del cuadro, tal como lo concibió Tintoretto.
Museo del Prado.

ciudad de Venecia, incluyendo una destacadísima utilización de la perspectiva, entre otras cosas a través de las baldosas del pavimento. El paisaje arquitectónico del fondo, inmerso en una excepcional perspectiva, está tomado del tratado de arquitectura *Il Secondo libro di prospettiva,* del arquitecto italiano Sebastiano Serlio, arquitecto italiano (París 1545). Este tratado es una de las muchas contribuciones al estudio no solo de la perspectiva, sino también de la escenografía en ese periodo. El cuadro presenta una perspectiva oblicua y muy destacadamente asimétrica. El cuadro que debía estar a la izquierda y que se refleja de manera tan sutil como espejo sobre *El lavatorio* es una *Última cena,* del mismo Tintoretto. Este se encuentra todavía hoy en ese mismo espacio[155]. Toda la superficie del cuadro presenta una dimensión enormemente teatral. La pequeña escena especular hace uso de un difuminado trazo de pincel, en un modo bastante impresionista. Con ello enaltece ese carácter lejano y de reflejo que parece ser la idea de Tintoretto.

En este sentido sería interesante resaltar, aunque sea muy superficialmente, el diálogo que se presenta entre las artes y la neurología, y en este ámbito traer al menos a colación las investigaciones que se han hecho desde los años noventa sobre las denominadas "neuronas espejo". El cerebro —con sus enormes posibilidades y junto a los grandes enigmas que aún nos ofrece— ha sido sujeto de estudio en relación a este tipo de neuronas y a las consecuencias que producen en el comportamiento humano. La imitación de movimientos observados por una persona en otra parece que conlleva un reflejo de repetición en los movimientos propios del que observa, incluyendo su significado. Esto puede tener consecuencias en formas artísticas en las que se da esta interrelación entre humanos, como en el teatro, la música, etc. Se puede producir una duplicación o repetición gestual y seguramente emocional. Todo esto constituiría, en definitiva, una forma de compartir acciones y emociones entre seres humanos gracias a este tipo de neuronas y a ciertos procesos de repetición[156].

El espejo, desde una perspectiva musical, debe ser vinculado no a un componente espacial sino temporal. El arte de la música ofrece una enorme complejidad en la percepción de estructuras o procesos en espejo. No en vano, y desde el siglo XIV, hay notables muestras de este desarrollo y búsqueda por parte de los compositores de procesos y estructuras de tipo especular. Esto ha expandido enormemente el interés por articular formas de este tipo en la dimensión temporal de la música. Este terreno atañe muy especialmente al concepto de forma.

El motete *Ma fin est mon commencement* de Guillaume de Machaut (1300-ca.1377) presenta una compleja polifonía en la que dos altos cantan de forma retrograda uno en relación al otro. Las notas de la segunda voz son las mismas de la primera pero expuestas de forma inversa, retrogradadas. Esto recordaría —pero en otro contexto y más tarde— a las notas científicas de Leonardo Da Vinci al escribir de forma inversa, en espejo.

El tenor de este motete, la tercera voz, va cantando un material melódico en el que cada pasaje es como un palíndromo: la primera y segunda mitad de cada verso se

---

[155] Cfr. LANCETA, Teresa: "El Lavatorio de Tintoretto", en *Arte y parte, Revista de arte,* núm. 67 (2006), pp. 42-47.

[156] Cfr. RIZZOLATTI, Giacomo y SINIGAGLIA, Corrado: "Neuronas espejo y los mecanismos de la empatía emocional", en *El cultural,* Madrid, 28/9/2008, p. 65.

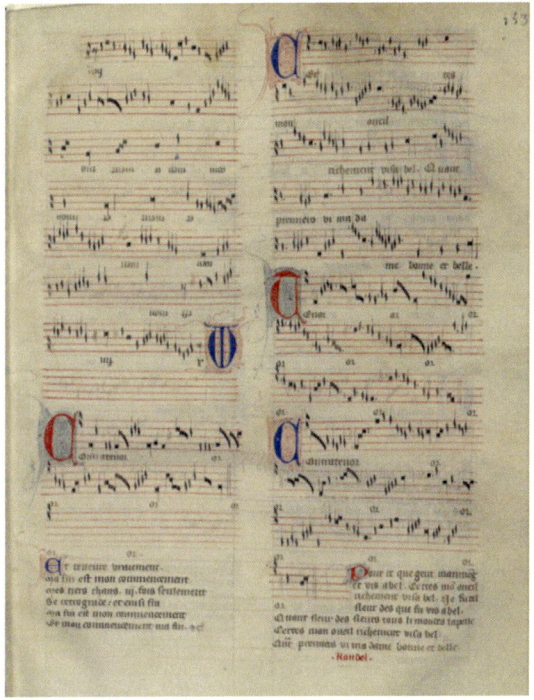

Figura 7. Guillaume de Machaut, *Ma fin est mon commencement* (ca. 1360.)
París, Bibliothèque Nationale, Fonds Français 22546.

presentan revertidas entre ellas. La pieza articula, por tanto, un auténtico y rico espejo sonoro. El texto es el siguiente:

> Ma fin est mon commencement
> Et mon commencement ma fin
> Et teneure vraiement.
>
> Ma fin est mon commencement.
> Mes tiers chans trois fois seulement
> Se retrograde et einsi fin.
>
> Ma fin est mon commencement
> Et mon commencement ma fin.

Sería un pecado no citar en este terreno la importancia que Johann Sebastian Bach atribuyó, dentro de su técnica contrapuntística, al juego de espejos mediante cánones retrogradados, en cangrejo, espejos y otras formas de elaborar el material musical a través de repeticiones especulares de diverso género. Su *Ofrenda musical* es un gran ejemplo de un trabajo de riqueza sin parangón en este terreno.

Este interés y gusto por las formas especulares es especialmente destacado en el pensamiento de los autores de la II Escuela de Viena. Tanto Schönberg como sus dos discípulos, Alban Berg y Anton Webern, partieron de reflexiones sobre el espejo tanto en el terreno de la forma como en el de las alturas (especialmente en la configuración de las series dodecafónicas). Schönberg ya apuntaba —en una conferencia dada en la Universidad de California en 1941— a una dimensión espacial que anulaba casi el aspecto temporal al hacer del uso de las alturas planteadas desde el punto de vista de la por él llamada "composición con doce notas" (*Composition with Twelve Tones*)[157]. Tiempo y espacio entablan una misma dimensión y el pensamiento musical planteado en dos o más dimensiones espaciales podía ser considerado, según Schönberg, como una unidad.

La metáfora del espejo constituye una reiterada búsqueda en muchas de las series dodecafónicas ideadas por compositores de ese periodo. La búsqueda de configuraciones especulares también en el desarrollo de la forma musical adquiere carta de naturaleza como un recurso de especial importancia. Las ideas de la retrogradación, del palíndromo y de otras formas especiales de simetría aparecen con frecuencia en varios de los autores citados. El caso de Schönberg es especial no solo por su uso (como en su *Pierrot lunaire*, de 1912, en su movimiento nº 18, "Der Mondfleck" [*Mancha lunar*]) sino también por la influencia que tuvo en el pensamiento de sus dos destacados continuadores, especialmente en Alban Berg. En Berg encontramos este trabajo de estructuras formales planteadas en espejo (palíndromos) de un modo esencial en su *Kammerkonzert* (1923-1925), en su *Lyrische Suite* (1925-1926), para cuarteto de cuerda (en su movimiento II, "Allegro misterioso"), y de una forma destacadísima en su ópera *Lulu* (1928-1935)[158], en la mitad de su II Acto, configurando además un eje central de toda la obra[159]. Berg aúna este amor por lo especular y especiales formas de simetrías con un destacado mundo oculto que subyace bajo sus estructuras y materiales musicales, tanto en aspectos de numerología como en la gematría[160].

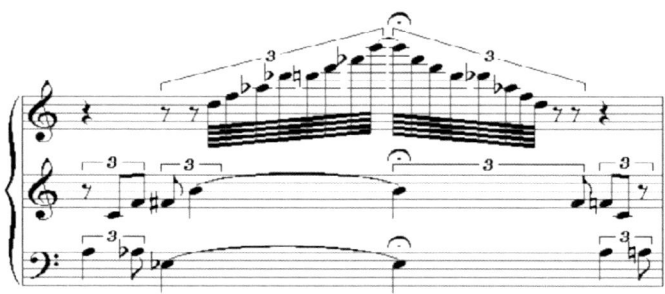

Figura 8. Alban Berg. *Lulu.*
Reducción del eje de simetría de la partitura (palíndromo)
en el centro del segundo acto (compás 687).

---

[157] Cfr Schönberg, Arnold: "La composición con doce sonidos", en Schönberg, Arnold: *El estilo y la idea*, Idea Books, Huelva, 2005, pp. 101 y ss.

[158] El tercer acto de *Lulu* quedó sin finalizar en su orquestación por la muerte temprana de Alban Berg en 1935.

[159] Este interés y amor de Berg por las estructuras en espejo puede ser también señalado en otras obras como *Der Wien* (en su III movimiento), en el "Präludium" de las *Drei Orchesterstücke opus 6*, o en el "Andante" de su *Violinkonzert*.

[160] Cfr. Floros, Constantin: *Alban Berg. Musik als Autobiographie*, Breitkopf & Härtel, Wiesbaden, 1992, pp. 104 y ss.

3. RITMO Y SUPERFICIE

*Solo la repetición —especialmente la repetición
fragmentaria— puede sustraerse a la amenaza del tiempo
y puede compararse con la lectura de una
partitura hacia delante y hacia atrás.*
Pierre Boulez

El ritmo es una de las estrategias más potentes y adecuadas para crear la percepción de la repetición. La RAE señala que el ritmo es la "sensación perceptiva producida por la combinación y sucesión regular de sílabas, acentos y pausas en el enunciado, especialmente en el de carácter poético". Ya vimos antes la reflexión sobre el concepto de "enunciado musical" a partir del trabajo de la musicóloga Ivanka Stoïanova. Lo interesante es que el concepto de ritmo puede ser aplicado no solo a la prosodia y a la poesía, sino también de forma muy especial a la danza, a la música, y también a las artes plásticas —lo veremos enseguida a partir de varios autores— o al cine y al teatro[161].

El ritmo como concepto engloba dos campos esenciales: el de la métrica y el del tiempo. Richard Sennet señala que el ritmo tiene dos componentes: "la acentuación y el *tempo*, la velocidad de una acción"[162]. El propio Sennet añade, además, que "en música cambiar el tempo de una obra es un medio de mirar adelante y anticipar"[163]. Los cambios de agógica (*accelerando, ritardando*) obligan al músico a estar atento. El artesano, usando sus manos a través de una acción rítmica en su trabajo, llega a perder la consciencia de este movimiento, de este ritmo. Es una forma de mirar hacia adelante, como el músico. En la escultura, como es el caso de la obra de Auguste Rodin (1840-1917), también anticipamos la formulación de un concepto de ritmo cuando el escultor sabe introducir al espectador "en la condición de percibir todos estos momentos de sucesión de manera que, tomados todos juntos, den la impresión de movimiento"[164].

Para Deleuze y Guattari el ritmo es siempre diferencia, y nunca repetición. En la articulación en forma de "mesetas" (*millieux*), expuesta en su obra *Mil mesetas*, la réplica frente al caos es precisamente el ritmo. "Es la diferencia la que es rítmica, y no la repetición, que sin embargo la produce".[165]

Una de las formas más especiales y efectivas para crear estructuras rítmicas es a partir del concepto de patrón (*pattern*). Esta morfología de articulación del material aparece tanto en las artes plásticas como en el arte de los textiles (alfombras, etc.)[166],

---

[161] Véase este aspecto por ejemplo en FISCHER-LICHTE, Erika: *Estética de lo performativo*, Abada, Madrid, 2014, pp. 269 y ss.

[162] SENNET, Richard: *El artesano*, Anagrama, Barcelona, 2012, p. 217.

[163] *Idem.*

[164] Entrevista con Auguste Rodin recogida en FLORENSKI, Pável: *Il significato dell'idealismo*, SE, Milán, 2012, p. 45.

[165] DELEUZE, Gilles, GUATTARI y Félix: *Mil mesetas*, Pre-Textos, Valencia, 2008, p. 385.

[166] Cfr. TE HEESEN, Anke (ed.): "Das Muster als materialer Rhythmus", en NAUMANN, Barbara: *Rhythmus. Spuren eines Wechselspiels in Künsten und Wissenschaften*, Königshausen & Neumann, Wurzburgo, 2005, pp.

en la música y en muchas otras manifestaciones artísticas o de tipo artesanal. En el arte de la ornamentación el uso de patrones ha constituido algo esencial desde los tiempos prehistóricos. Y ha seguido siendo un elemento esencial hasta manifestaciones posteriores como la caligrafía, la marquetería, la carpintería de lo blanco y muy variados desarrollos artesanales. Estamos ante el deseo de plantear estructuras a partir del ritmo creado por patrones y formas diversas de simetrías. El ritmo actúa como "una de las más antiguas categorías de la estética y fue considerada desde la Antigüedad hasta la Ilustración como uno de los principios de estructuración universales"[167]. Wilhelm Worringer habló de la regularidad en los ritmos de la ornamentación definiéndola como un campo para la proyección sentimental: "en la regularidad existe una expresión que […] recurre al lenguaje de las líneas para hacerse patente"[168]. Worringer analiza este aspecto de la ornamentación en el arte egipcio y en el micénico, y confronta dos conceptos: *Regelmässigkeit* (regularidad) y *Gesetzmässigkeit* (sujeción a ley)[169].

Dentro de estos procesos de repetición es interesante al menos citar —pero ya excede a este texto— las formas automáticas que hacen uso de la repetición como categoría de funcionamiento, tanto en el arte como en otros terrenos. En esto se ha hablado desde formas automáticas en Kafka[170] hasta escrituras automáticas en la literatura de finales del siglo XIX a partir de estados de conciencia alterados —a través de sustancias que han ido cambiando a lo largo del tiempo: el opio, el LSD, etc.—, en el psicoanálisis e incluso en la música[171]. Otra perspectiva es la derivada del uso de autómatas y otros elementos mecánicos —muy destacado en el siglo XVIII—[172] o la utilización de máquinas para la creación musical, como es el caso de Conlon Nancarrow (1912-1997) y su uso de instrumentos mecánicos —pianolas— como destinatarios de sus proyectos musicales. Más allá de ello también en la composición musical este tipo de procesos han sido abrazados por compositores como Franco Donatoni (1927-2000), que durante los años sesenta planteó diversas técnicas para crear un de-

_____

261 y ss.

[167] *Ibid.*, p. 269.

[168] WORRINGER, Wilhelm: *Abstracción y naturaleza*, Fondo de Cultura Económica, Ciudad de México, 2016, p. 146.

[169] *Ibid.*, p. 145.

[170] Cfr. STROWICK, Elisabeth: *Passagen der Wiederholung*, Metzler, Stuttgart / Weimar, 1999, pp. 398 y ss.

[171] La danza y el ritmo han sido desde la Antigüedad medios para la consecución de ciertos estados de pérdida de conciencia. Algunas formas de rituales religioso-musicales de las cofradías sufíes en el norte del Magreb (por el lado espiritual) son ejemplo todavía hoy de ello. En el mundo occidental actual ciertas formas de músicas urbanas también conllevan una finalidad de evasión y estados de conciencia alterados a través de la repetición en el ritmo y en el movimiento de la danza. La arqueoacústica como ciencia muy reciente ha señalado también estas prácticas al enfrentarse al sonido en contextos muy diversos de la Antigüedad, comenzando con el Paleolítico superior y el Neolítico, y penetrando en territorios diversos como el Egipto antiguo, el mundo azteca, inca, y otros muchos momentos y culturas del pasado. Véase en este sentido, entre otras muchas publicaciones de los últimos veinte años, SCARRE, Chris, y LAWSON, Graeme (eds.): *Archeoacoustics*, University of Cambridge, Cambridge, 2006, o ENEIX, Linda C. (ed.): *Archeoacoustics. The Archeology of Sound*, OTS Foundation, Miakka City, 2014. El mundo del chamanismo también entra dentro de estos campos de estudio, y un aspecto como la repetición —a través del sonido y la danza— es esencial en este tipo de rituales.

[172] Cfr. ARACIL, Alfredo: *Juego y artificio*, Cátedra, Madrid, 1998.

sarrollo automático del propio material musical en el sentido de usar la repetición y la generación de variaciones dentro de la propia deriva en el tiempo. Una obra como *Etwas ruhiger im Ausdruck* (1967) es prototípica de este proceso[173]. En la música el ritmo nace y es percibido siempre a través del sonido; el ritmo deriva de la concreta expresión de cualquiera de los elementos constitutivos de este. Henry Cowell hizo ya en 1930 una de las aproximaciones más originales y profundas en este terreno: vinculó ya desde la primera publicación de este libro los intervalos musicales con los periodos de vibraciones y las duraciones correspondientes.[174] Cowell, en cierta manera, anticipa algunos aspectos del fundamental estudio que sobre el tiempo y las duraciones realiza Karlheinz Stockhausen en 1956 con su artículo *Wie die Zeit vergeht…*[175].

Desde el estudio de la psicología de la música Diana Deutsch se ha adentrado en parcelas muy específicas que afectan al estudio de la repetición, el ritmo y el espacio de su percepción de una manera sobresaliente[176]. Henkjan Honing, colaborando con la citada Deutsch, ha analizado los elementos constitutivos del ritmo en la música, y junto al propio concepto de *rhythm* ha abordado el de *meter* (metro), *tempo* y especialmente el de *timing* (temporalización sería una traducción)[177]. Enfrentándose a la percepción de la música y en concreto tratando el concepto de ritmo, Honing va más allá de la objetivización de este elemento en la notación musical, que siempre constituye un perfil cerrado y abstracto, y analiza el contexto más allá de la partitura, incluyendo las muy diversas vías de las músicas orales y de tradiciones no notacionales. Se puede hablar de un *expressive timing*[178], toda vez que, aunque se vincule a un ritmo estructural fijo, existe la posibilidad de introducir lo que ha denominado este autor *perceptual invariance* ("invarianza perceptiva"). Pese a las variaciones que se pueden desarrollar (el *swing* en el jazz sería un ejemplo de ello) el *timing* queda siempre configurado en sus diferenciaciones bajo la referencia de un *tempo* global[179].

Oliver Messiaen (1908-1992) ha sido uno de los autores más interesados en el concepto de ritmo, tanto en su faceta compositiva como en la teórica. Messiaen partió, sin embargo, de su admiración por el trabajo de su compatriota Claude Debussy y su forma de elaborar el ritmo y la repetición. Messiaen consideró a Debussy como uno de los más grandes "rítmicos" de la música occidental. Ello nació de su amor por la naturaleza, sobre todo por elementos como el viento, el agua, etc.[180] Sobre Debussy escribió Messiaen que

---

[173] Cfr. Barkl, Michael: *Etwas ruhiger im Ausdruck: Franco Donatoni's Crisis*, Lambert Academic Publishing, Saarbrücken, 2018. En este sentido, su obra teórica *Questo* participa de muchas de estas ideas en un plano de lógica y estructuración del material y en la forma musical. Véase sobre este particular especialmente Donatoni, Franco: *Questo*, Adelphi, Milán, 1970, pp. 88 y ss.

[174] Cfr. Cowell, Henry: *New musical resources*, Cambridge University Press, Cambridge, 1996, pp. 45 y ss.

[175] Stockhausen, Karlheinz: "…wie die Zeit vergeht…", *Die Reihe*, Vol III, Universal Edition, Viena, pp. 99-139.

[176] Cfr. Deutsch, Diana: *The Psycology of Music*, Academic Press, Londres y Waltham, 2013.

[177] Honing, Henkjan: "Structure and Interpretation of Rhythm in Music", en Deutsch, Diana: *The Psycology of Music*, Academic Press, Londres y Waltham, 2013, pp. 369 y ss.

[178] *Idem.*

[179] *Idem.*

[180] Borghi, Simone: *La casa y el cosmos. El ritornello y la música en el pensamiento de Deleuze y Guattari*, Cactus, Buenos Aires, 2014, p. 52.

> […] la irregularidad en las duraciones a la cual hago alusión y que es lo propio del ritmo […] le permitió evitar las repeticiones "por retorno" […]. A fuerza de controlar la naturaleza, Debussy comprendió su aspecto moviente, la perpetua ondulación que transportó a su música[181].

Para Messiaen la música, aparte de por sonido, está constituida también por duraciones, impulsos y reposos, acentos, intensidades y densidades, ataques y timbres.

El ritmo es una de las grandes aportaciones de la música de este compositor. Partiendo de su estudio de la prosodia greco-latina, de la teoría rítmica hindú, del canto gregoriano, de la música de Stravinski y del canto de los pájaros, Messiaen desarrolló un mundo lleno de referencias y de enorme originalidad en el terreno del ritmo, y por ende de la repetición.

Es interesante que Messiaen convivió también con formas de pensamiento diferentes de la música, e integró perspectivas de la obra de Henri Bergson o Gaston Bachelard en su propio pensamiento. En su importante y enorme *Traité de rythme, de couleur, et d'ornithologie* Messiaen sistematizó una lista de posibles lenguajes rítmicos que pueden coexistir incluso en la misma música[182]:

lenguaje rítmico de las duraciones,
lenguaje rítmico de las intensidades,
lenguaje rítmico de las densidades,
lenguaje rítmico de las alturas,
lenguaje rítmico de los timbres,
lenguaje rítmico de los ataques,
lenguaje rítmico del movimiento rítmico,
lenguaje rítmico de los *tempi*,
lenguaje rítmico de la inversión de las duraciones,
lenguaje rítmico de las polirritmias,
lenguaje rítmico de la armonía,
lenguaje rítmico de los lugares musicales
lenguaje rítmico del silencio

A todo ello Messiaen añadió la posibilidad de interactuar bajo la mirada de los ritmos en la naturaleza, por ejemplo a través de los ruidos que esta produce, del canto de los pájaros, de los ritmos del reino mineral, del reino vegetal, del reino animal en general, de la danza, del lenguaje y la poesía y finalmente de las artes plásticas[183]. Las técnicas y procesos rítmicos de Messiaen (como los "personajes rítmicos" inventados y explicados por él, nuevas formas de isorritmia, como en el Ars Nova, o la primera serialización del parámetro de las duraciones, etc.) son fundamentales para entender, además, la importancia de este parámetro en su propia estética musical[184]. En este

---

[181] Entrevista con Messiaen en SAMUEL, Claude: *Permanences d'Oliver Messiaen*, Actes sud, París, 1999, p. 131.
[182] MESSIAEN, Oliver: *Traité de rythme, de couleur, et d'ornithologie*, Tome I, Alphonse Leduc, París, 1994, p. 40.
[183] *Ibid.*, pp. 46-47.
[184] Su obra *Quatre Études de Rythme* (1949-50), para piano, en su segundo movimiento ("Modes de valeurs et d'intensités") es paradigmática al ser la primera vez que se serializan las duraciones, las dinámicas y los modos de ataque.

sentido Messiaen reconoce la importancia del trabajo de autores anteriores como Machaut, Monteverdi, Beethoven (que también manipula el ritmo, amputándolo o prolongándolo, casi como un antecedente de los "personajes rítmicos"), y de una manera extraordinaria Stravinski, sobre todo a partir de *La consagración de la primavera*. De una forma práctica y muy referido a su propio trabajo como compositor, las implicaciones del ritmo en su lenguaje encontraron una primera y clara presentación y sistematización en su temprano tratado *Técnica de mi lenguaje musical*[185]. A partir de la aportación de Messiaen podemos encontrar otras formas de reflexión derivadas y deudoras de este autor francés en dos nombres también fundamentales para el tema del ritmo: Pierre Boulez (1925-2016) desde la música y Gilles Deleuze (1925-1995) desde la filosofía. Es destacable cómo en estas escalas de ritmos encuentran diferentes campos de reflexión en disciplinas diversas. Por ejemplo, un autor como Steven Holl (1947), en el terreno de la arquitectura, ha determinado que hay siete tipos de tiempos en la arquitectura: tiempo del día, tiempo de la estación, tiempo lineal (cíclico), tiempo local (global), tiempo de la duración de la concepción y construcción, tiempo experiencial, y duración[186].

El ritmo, aun visto desde diferentes perspectivas, se presenta y se desarrolla en un espacio que no deja de ser una superficie, un *locus* que ha encontrado en las dos dimensiones un terreno de expresión históricamente riquísimo. Podemos incluir el tiempo también como un tipo de superficie para la música. Wilhelm Worringer apuntó a que la voluntad artística en el terreno de la abstracción tendía a la representación dentro del plano, en las dos dimensiones[187]. Para este autor "la proyección a la superficie es un recurso relativamente sencillo para sustraer el objeto del mundo exterior al flujo del devenir, y representarlo por sí solo en su individualidad material y unidad cerrada [...]"[188]. En cuanto al ritmo desde el punto de vista musical y en el tiempo, la "superficie" de su plasmación está en una dimensión diferente. Por eso precisamente se ha hablado del concepto de "superficie sonora", vinculada al tiempo y su devenir como lugar para la representación del ritmo[189]. Expandir estas líneas a los conceptos de metro o de tiempo (partes constitutivas del ritmo) excedería a la finalidad de este texto, y por eso aportaciones muy destacadas como los conceptos de *tiempo liso* y *tiempo estriado* de Boulez, o el citado de *Moment-Form* de Karlheinz Stockhausen u otras perspectivas quedan ahora aquí solo apuntadas. Lo mismo en relación a los conceptos cercanos de *repetición-compás* y *repetición-ritmo* en el pensamiento filosófico de Deleuze, y su perspectiva de una *polirritmia* nacida de desigualdades en duraciones o espacios métricamente iguales[190]. En todo este enorme y rico contexto encontramos dimensio-

---

[185] Cfr. MESSIAEN, Olivier: *Técnica de mi lenguaje musical*, Alphonse Leduc, París, 1993.

[186] HOLL, Steven (ed.): *Color, Light, Time*, Lars Müller Publishers, Zúrich, 2012, p. 105.

[187] WORRINGER, *op. cit.*, p. 164.

[188] *Ibid.*, pp. 164-165.

[189] El concepto de *Soundscape* ("Paisaje sonoro") fue lanzado por R. Murray Schafer a finales de los sesenta desde un equipo de investigación en Canadá. Cfr. MURRAY SCHAFER, Raimond: *The New Landscape*, Don Mills, Ontario, 1969.

[190] FOUCAULT, Michel y DELEUZE, Gilles: *Theatrum Philosophicum seguido de Repetición y diferencia*, Anagrama, Barcelona, 1995, pp. 91-92.

nes que caracterizan y definen el concepto de ritmo de forma esencial y dan cuenta de la importancia que este asumió desde los inicios del siglo XX.

El camino hacia la abstracción en el arte del siglo XX no hizo más que operar y abrir nuevas perspectivas en el espacio de la superficie. Esto destacó aspectos que antes estaban en un plano diferente. Ritmo y superficie han ido de la mano en muy fructíferos territorios desde la Antigüedad hasta la irrupción de la abstracción en el arte europeo de principios del siglo XX, y desde entonces hasta hoy. Para Jacques Rancière, en este campo de la abstracción en las artes plásticas, "[…] lo importante no es el abandono de la figuración, sino la conquista de la superficie"[191].

> […] la idea de la superficie plana ha sido asociada, a partir de Clement Greenberg, a una idea de la modernidad artística pensada como una conquista por el arte de su propio médium, como la ruptura de su sumisión a fines exteriores y a la obligación mimética. […] Así, el paradigma de la superficie plana ha servido para constituir una historia ideal de la modernidad: la pintura habría renunciado a la ilusión de la tercera dimensión, ligada a la imposición mimética, para constituir el plano bidimensional de la tela como su espacio propio. Y el plano pictórico así concebido ejemplificaría la autonomía moderna del arte[192].

Uno de los autores que más ha influido en arte del siglo XX, y también en mi trabajo como compositor, ha sido el pintor suizo Paul Klee (1879-1940)[193]. El uso del ritmo en el trabajo pictórico de Klee ha sido vinculado con el concepto de compás musical, en concreto referido a su articulación de cara a la percepción por parte del ojo humano[194]. En Klee convergen, sobre todo en sus estudios teóricos[195], la dimensión de la música y la de la pintura bajo el concepto común de *Rhythmus*. En estos textos el artista se mueve entre ambas disciplinas con absoluta libertad, y es precisamente en este intercambio de ideas y de territorios donde Klee expone aspectos fundamentales de cara a una visión interdisciplinar de aspectos tanto musicales como pictóricos. Klee hace referencias continuas a la forma, al ritmo, a la gravedad, a la direccionalidad de

---

[191] RANCIÈRE, Jacques: *El destino de las imágenes*, Politopías, Pontevedra, 2011, p. 90.

[192] *Ibid.*, p. 111.

[193] Algunas partes del texto de este apartado han sido tomadas y reelaboradas a partir de un epígrafe de mi Tesis Doctoral. Cfr. SÁNCHEZ-VERDÚ, José María: *Cartografías del espacio, el tiempo y la memoria como morfología de una creación musical interdisciplinar*, Tesis Doctoral Internacional, Universidad Autónoma de Madrid / Universidad de Dresde, 2017. Disponible *online* en: https://repositorio.uam.es/handle/10486/680006?show=full [última consulta: 13/10/2023].

[194] DESSAUER-REINERS, Christiane: *Das Rhythmische bei Paul Klee. Eine Studie zum genetischen Bildverfahren*, Wernersche Verlagsgessellschaft, Worms, 1996.

[195] Véase especialmente KLEE, Paul: *Das bildnerische Denken*, Schwabe & Co., Basilea, 1990; también del mismo autor *Form- und Gestaltungslehre*, Schwabe & Co. Verlag, Basilea / Stuttgart, 1970. Es especialmente interesante su *Pädagogisches Skizzenbuch* de 1924, editado en el segundo volumen de la serie *Bauhausbücher*, y reeditado en 1927 bajo la supervisión de Moholy-Nagy. La participación de Moholy-Nagy en esta edición, sin embargo, ha sido discutida por algunos autores al señalarse que se da una confluencia muy marcada hacia los intereses espirituales del pensamiento del propio Moholy-Nagy (cfr. LUPANO, Mario: "Sul *Pädaggisches Skizzenbuch*", en KLEE, Paul: *Quaderno di schizzi pedagogici*, Abscondita, Milán, 2002, pp. 70 y ss.).

energías, al relieve y la profundidad, etc.[196]. En 1925, Klee escribió sobre el concepto de "ritmos estructurales" (*strukturelle Rhythmen*) en su texto *Pädagogisches Skizzenbuch*[197]. El ritmo y la métrica suponen para el que visiona sus trabajos en el ámbito espacial algo similar a lo que un oyente puede percibir en el ámbito temporal ante estructuras y procesos rítmicos musicales. Parece que Paul Klee consideraba el ritmo como algo perceptible a través de varios de los sentidos a la vez, y no solo la visión[198]. Está claro que, si esta percepción del ritmo es plurisensorial, el ojo y la vista estaban realmente delante para optar a su percepción.

> Klee comenzó introduciendo un concepto sistemático de "ritmo" (*Rhythmus*) en las artes plásticas dirigido primeramente a las analogías con los procesos de crecimiento en la naturaleza, y después, con ayuda del concepto de "compás" (*Takt*) a la analogías con la música[199].

Relacionado con el uso del ritmo o el compás (*Takt*), en el sentido de pulso, ha de citarse la enorme importancia que la articulación de muchas obras plásticas desarrolló a través de la estructura de reja o de cuadrícula. La existencia —invisible en cuanto sistema geométrico— de esta subestructura marca definitivamente la plasmación rítmica y métrica de la imagen del cuadro, creando una serie de recurrencias que invitan a hablar de los citados conceptos de ritmo y compás. El trabajo basado en la existencia de una cuadrícula previa (*Raster*, o *Gitter* en alemán) que determina la estructura de la superficie es enormemente importante a partir de su viaje a Túnez en 1914. La imagen de estas superficies nace de estructuraciones rítmicas en las que los colores o las figuras atienden a la forma de un casillero, o un tablero de ajedrez. Esta perspectiva moldeada en muchas obras de Klee es parte esencial de su concepto de ritmo en el aspecto visual.

La genética, las analogías con sistemas naturales del crecimiento de plantas o animales, o el uso (sobre todo en los últimos años de vida del pintor) de sistemas similares a escrituras y caligrafías, marcan algunos de los terrenos en los que la obra de Paul Klee hizo interactuar aspectos visuales y sonoros (pintura y música) en un espacio de retroalimentación enormemente interesante. El efecto estimulante del uso del ritmo puede ser apreciado en múltiples aspectos de la realidad, y en particular en el arte. La consecución de unidades creadoras de ritmo parece que crea una inercia que nos lleva hacia delante con menor esfuerzo, como con una direccionalidad, y con cierta carga de energía, o al menos de deseo de esa recursividad. El concepto de ritmo puede ser expandido y estudiado no solo en la música o en la pintura —como es el caso que tratamos de Klee—, sino también en otras disciplinas como la escultura o la arqui-

---

[196] KERSTEN, Wolfgang: "Das Problem Rhythmus bei Paul Klee", en *Rhythmus. Spuren eines Wechselspiels in Künsten und Wissenschaften*, Barbara Naumann (ed.), Königshausen & Neumann, Wurzburgo, 2005, p. 243.
[197] Publicado por Walter Gropius y László Moholy-Nagy en la colección *Bauhausbücher*, vol. 12 (1930), Dessau.
[198] KERSTEN, Wolfgang: *op. cit.*, p. 244.
[199] *Ibid.*, p. 248.

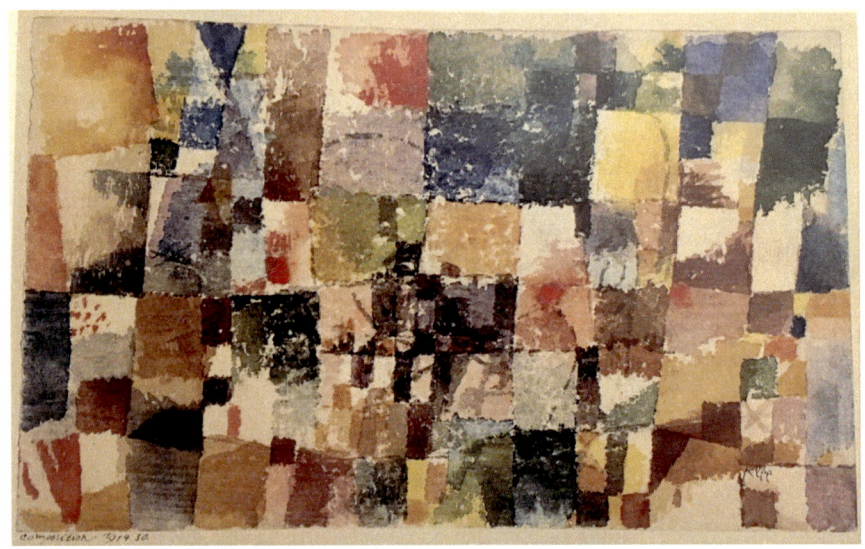

Figura 9. Paul Klee. *Komposition* **(1914).**
Acuarela sobre pastel.
Kupferstichkabinett, Basilea.

tectura. El mismo arquitecto Eiler-Rasmussen ha escrito que "el movimiento rítmico produce una sensación de mayor energía"[200].

Junto a estos conceptos de *Gitter* (o reja interior bajo la superficie pintada), la recurrente subestructura del tablero de ajedrez y sobre todo el elemento del *Rhythmus*, en Paul Klee destaca un interés especial por otro concepto: el de *Polyphonie* (polifonía). Esta palabra no deja de expresar, sin dudas, una interrelación con la música. Klee buscaba la plasmación de modelos que superpongan distintos principios para crear en la percepción del ojo una superposición de niveles, una auténtica polifonía que él desarrollaba a través de la repetición, de sistemas geométricos, de contrastes de color, etc.[201]. Esta forma de trabajo pictórico que se ha venido a denominar *pintura polifónica* es un desarrollo que Paul Klee hizo a partir de algunos aspectos de la obra de pintores como Robert Delaunay (1885-1941) y de su idea de la *simultaneidad*[202]. La dimensión temporal de la polifonía musical es transformada aquí en una dimensión espacial. Una pintura puede ser leída de forma sucesiva, integrando el tiempo en su percepción, pero al mismo tiempo puede ser captada de forma simultánea[203]. En este terreno se ha resaltado el conocimiento que Klee debió de tener del citado libro *Abstraktion und*

[200] EILER-RASMUSSEN, Steen: *La experiencia de la arquitectura*, Reverté, Barcelona, 2004, p. 112.
[201] BRANDSTÄTTER, Ursula: "Transformationen: Zwischen musikalischem und bildnerischem Denken", en HIEKEL, Jörn Peter (ed.): *Neue Musik und andere Künste*, Schott, Maguncia, 2010, p. 200.
[202] *Ibid.*, p. 203.
[203] Es interesante aquí situar la percepción de la notación musical en una perspectiva plástica: la notación atesora y conlleva un lado temporal implícito en la significación de sus símbolos; pero de forma simultánea posee esa dimensión plástica que hace de la superficie de una partitura un objeto a veces de verdadero interés desde un punto de vista solamente visual.

Einfühlung de Worringer, y cuánta importancia pudo desempeñar en algunos aspectos de su pensamiento, como así fue en el caso de otros artistas como Vasili Kandinski[204].

Para Klee esta pintura polifónica y el concepto de simultaneidad fueron bases de su trabajo. A través, por ejemplo, de una elaboración puntillista de la superficie de muchas de sus obras Klee trataba de unir la pintura moderna con otras artes y ciencias en un mismo nivel[205]. En este sentido es importante reiterar la vinculación constante que se ha hecho entre la obra plástica de Klee y la música. Biográficamente hay que destacar que Klee era un buen violinista. Durante algunos años estuvo moviéndose entre ambos mundos, hasta que se decantó por la pintura. Todos los acercamientos biográficos a su figura se hacen eco de la convivencia de ambas disciplinas. En su trabajo pedagógico con la Bauhaus Klee trató y destacó perspectivas y temáticas especialmente musicales. Así, desde finales de los años veinte, Klee ordenó varios capítulos en torno a conceptos como "ritmo", "proporciones", "encadenamientos", "factura", "principios de organización", "polifonía", etc. En la dimensión plástica también se ha resaltado con frecuencia la interacción de su trabajo con la notación musical[206]. El tiempo como un *continuum* espacial formado por distintos niveles de dibujos y colores está en la base del citado concepto de polifonía en su obra. El dominio y repertorio de variaciones de Klee en sus citados escritos pedagógicos, con su manipulación de formas y estructuras, nace de su confrontación con ritmos, proporciones, sonidos polifónicos y monofónicos, etc.: este concepto de "notación" es de enorme interés en este terreno pedagógico en particular y en toda su obra en general[207].

Uno de los más destacados observadores y admiradores del trabajo de Paul Klee fue el citado compositor y director francés Pierre Boulez. Boulez escribió un muy interesante libro sobre el pintor suizo que traza diferentes visiones e interacciones ante el hecho pictórico y el musical[208]. La historia del encuentro de Boulez con estos escritos de Klee es bien conocida: fueron un regalo de Karlheinz Stockhausen a Boulez con la apostilla de aseverarle el compositor alemán que, en su conjunto, estos textos constituían el mejor tratado de composición posible: "Ya verás, Klee es el mejor profesor de composición"[209]. Para Boulez, entre el terreno de los sonidos y el de las imágenes, "Klee nos enseña que los dos mundos tienen una propia especificidad y que la relación entre ellos solo puede ser de naturaleza estructural. Una transcripción literal sería absurda"[210]. La visión global del cuadro es, para Pierre Boulez, real, aun cuando de

---

[204] Cfr. OKUDA, Osamu: «"Die Engel hocken auch nicht am Biertisch zusammen». Paul Klees Verhältnis zu Wilhelm Worringer um 1914/15", in GRAMACCINI, Norberto y RÖSSLER, Johannes (eds.): *Hundert Jahre "Abstraktion und Einfühlung". Konstellationen um Wilhelm Worringer*, Wilhelm Fink, Múnich, 2012, pp. 131 y ss.

[205] Cfr. DÜCHTING, Hajo: *op. cit.*, p. 79.

[206] BAUMGARTNER, Michael: "Aspekte der Notation bei Paul Klee", en AA.VV: *Notation. Kalkül und Form in den Künsten*, Akademie der Künste / ZKM, Berlín / Karlsruhe, 2008, p. 336.

[207] *Ibid.*, p. 341.

[208] BOULEZ, Pierre: *Le pays fertile. Paul Klee*, Gallimard, París, 1989.

[209] *Ibid.*, p. 8. Véase especialmente sobre este tema NATTIEZ, Jean-Jacques: *La musique, les images et les mots*, Éditions Fides, Montreal, 2010, pp. 35-51.

[210] Aquí citado por la versión italiana: BOULEZ, Pierre: *Il paese fertile. Paul Klee e la musica*, Abscondita, Milán, 2004, p. 37. Durante 2024 se presentará la traducción al castellano de este libro realizada por el autor de este texto (editorial Acantilado).

forma virtual —como hace Klee— se divida la superficie en diversas partes. En música "la reconstrucción de la obra en su globalidad es imaginaria"[211].

Un autor muy presente en mi trabajo como compositor y que ha sido fundamental en esta visión de la repetición como modelo de trabajo ha sido el pintor y escultor (de formación arquitecto) Pablo Palazuelo (1916-2007). La obra de Palazuelo se integra en una relación íntima con lo que supuso el trabajo de Paul Klee. Así lo ha señalado el mismo Palazuelo, y los puntos de contacto han sido tan intensos como reveladores en el lenguaje posterior del artista madrileño[212]. En Palazuelo tiene lugar un viaje hacia Oriente en muchos de sus planteamientos. Es, a través de su obra y de sus textos, un viaje interior por el conocimiento y el encuentro con textos filosóficos, gnósticos y místicos de ese mundo buscado y fascinante para él. En sus lecturas tienen un papel importantísimo y recurrente los textos de Henry Corbin (1903-1978)[213]. También destacan muy especialmente algunas obras de Avicena o de Ibn 'Arabî, que leyó precisamente a través de los escritos del citado Corbin[214]. El mundo de los alicatados, los azulejos, etc., del arte islámico y el de la caligrafía (la árabe y la china) están muy cercanos a una gran parte de los trabajos plásticos de Palazuelo. Esas formas laberínticas son consustanciales a su proceso compositivo al enfrentarse al mundo de las líneas, de la geometría y de sus formas. No en vano para Palazuelo "el laberinto es el lugar o conformación cuya capacidad para la generación de formas es abismal, no tiene límites"[215].

El uso de la geometría, de la repetición de patrones y diseños tan consustancial al arte y a la ornamentación islámica, aparece como uno de los principios generadores más destacados en la obra de Palazuelo. La vinculación con la naturaleza y sus procesos lo emparenta especialmente con Paul Klee; para Palazuelo la naturaleza, como algo vivo, "se orienta creando estructuras siempre más ricas, más complejas y desde el momento en que se reconoce la existencia de esas estructuras *orientadas* es inevitable pensar en una *función geometrizante*, en una geometría de lo vivo"[216]. Palazuelo conoce bien las diferentes tradiciones orientales que usan figuras y diseños simétricos y asimétricos como base para la meditación. "La nostalgia de los períodos y de los ritmos en las estructuras es casi una necesidad biológica, el sentimiento de una necesidad de la que no se puede prescindir"[217]. Como escribe Palazuelo,

---

[211] *Ibid.*, p. 65.

[212] Cfr. MADERUELO, Javier: *El plano extendido*, Abada, Madrid, pp. 11-12.

[213] Islamólogo y filósofo francés, gran estudioso del Islam chií y de sus ámbitos iraní y místico. Entre sus libros destacan estudios sobre Avicena, sobre el sufismo, sobre la figura del ángel en varias tradiciones, sobre Ibn 'Arabî y en definitiva sobre numerosos aspectos del misticismo y gnosticismo dentro del mundo islámico en el ámbito asiático.

[214] CORBIN, Henry: *L'imagination créatrice dans le sufisme d'Ibn 'Arabi*, Flammarion, París, 1958.

[215] PALAZUELO, Pablo: *Geometría y visión. Una conversación con Kevin Power*, Diputación Provincial de Granada, Granada, p. 68.

[216] PALAZUELO, Pablo: *Escritos, conversaciones*, Colección de arquitectura 36, Colegio de Aparejadores y Arquitectos Técnicos, Murcia, 1998, p. 89.

[217] PALAZUELO, Pablo: *Geometría y visión…*, p. 39.

el acto de repetir forma parte de esa conciencia crepuscular y sirve para provocar una transformación de la conciencia en una consciencia en duermevela. Ciertas religiones y ciertas prácticas místicas buscan conseguir ese estado de conciencia que permite la filtración de determinadas cosas.[218]

En este sentido la geometría cumple en la obra de Palazuelo un papel determinante, no solo en su trabajo pictórico —en el plano— sino también en su reconocida labor como escultor y en su vinculación e inspiración para otros creadores[219]. Su visión escultórica hace confluir el uso de la superficie y el de las tres dimensiones en un acercamiento al mundo de la arquitectura[220]. Pablo Maderuelo ha estudiado esa transición desde el plano a la tridimensionalidad, igual que ocurre en el arte islámico al pasar de la ornamentación sobre la superficie plana a los volúmenes de las *muqarnas*[221]. Y Gonzalo Sotelo ha ido más allá al profundizar en los caminos de ida y vuelta de un Palazuelo que se mueve entre las dos dimensiones y las tres dimensiones, e incluye la gran cuestión de la arquitectura, fundamental para entender la perspectiva de su trabajo[222]. En todas estas formas de creación artística la base primigenia está fundada sobre el uso de la geometría.

> Todas las formas que yo hago proceden originariamente de polígonos. Se trata, pues, de una metamorfosis, aunque éste no sea el término apropiado desde el punto de vista matemático; y esta metamorfosis tiene una naturaleza geométrica, radical, extrema, compleja y a tiempo lento[223].

El trabajo de un artista "debe plasmar estructuras en un espacio geométrico que nunca está vacío"[224]. Pablo Palazuelo llegó a hablar del concepto de *transgeometría*[225].

El uso de la repetición como camino hacia la pérdida de consciencia o de llegada a ciertos estados de éxtasis, como ya ha sido apuntado antes, juega un papel muy importante en numerosas tradiciones y culturas del mundo. La escritura, la danza, el canto, el ritmo y la música son algunos de los caminos para llegar a esos estados distintos o de pérdida de conciencia[226]. La percepción de la materia y de la geometría se

---

[218] *Ibid*, p. 38.

[219] Sobre Palazuelo y su conjunción con otras perspectivas interdisciplinares, sobre todo con la arquitectura, véase SOTELO CALVILLO, Gonzalo: *Pablo Palazuelo. La vida onírica de la línea*, Ediciones Asimétricas, Madrid, 2021. Sobre la vinculación de la obra de Pablo Palazuelo con la música véase especialmente ORDÓÑEZ, Pedro: "Dimensiones temporal y musical en la creación de Pablo Palazuelo", en *Arte, Individuo y Sociedad*, 24 (1), 2012, pp. 119-134.

[220] No se debe olvidar, como se ha apuntado brevemente, que en sus primeros años como universitario la arquitectura fue la carrera elegida. En concreto fue a partir de 1933, pero no en Madrid, sino en la School of Arts and Crafts en la Universidad de Oxford, donde estuvo un tiempo como alumno.

[221] Cfr. MADERUELO, Javier: *El plano extendido, op. cit.*

[222] Cfr. SOTELO CALVILLO, Gonzalo: *Pablo Palazuelo. La vida onírica de la línea, op. cit.*

[223] *Ibid.*, p. 61.

[224] SOTELO CALVILLO, Gonzalo (ed..): *Pablo Palazuelo. Geometría docente. Cursos impartidos en el Círculo de Bellas Artes*, Ediciones Arte y Estética, Madrid, 2018, p. 16.

[225] *Ibid.*, pp. 18-19.

[226] Sobre el tema de la mística islámica sufí y la música se puede ver SÁNCHEZ-VERDÚ, José María: "Anmerkungen über Mystik, Erotik und Ekstase im Zusammenhang mit *Qasid 7 (Buch der Lieder)*", en

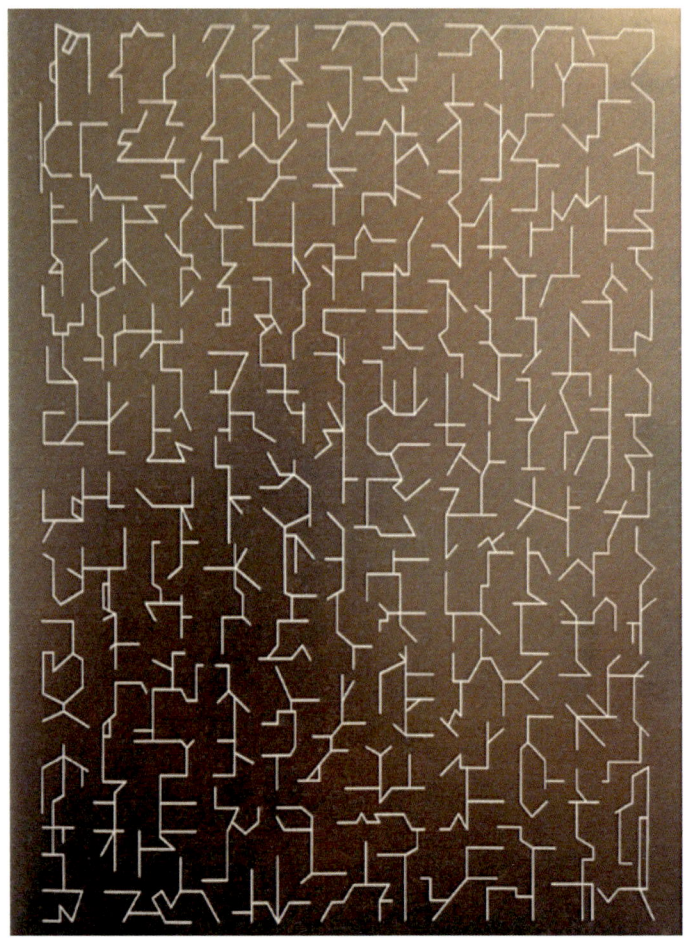

Figura 10. Pablo Palazuelo. *Vinculum amoris III* **(1990).**
Óleo sobre lienzo. Diputación de Granada.

puede vincular no solo al espacio, sino también a la dimensión del tiempo. Como ha señalado el arquitecto Juhani Pallasmaa, "la materia expresa tiempo, mientras que la forma, particularmente geométrica, expresa espacio"[227].

El arte islámico está presente en la obra y reflexiones de Pablo Palazuelo de una manera muy intensa; a Palazuelo le impresiona de este arte "la manera en que respeta el misterio. Es una sabiduría discreta que no pone el énfasis en el conocimiento, sino en un saber casi instintivo"[228].

Bergmeier, Heinrich (ed.): *Le Sacre. Musik – Ritus – Religiosität*, Pfau, Saarbrücken, 2001, pp.101-108 (hay traducción posterior al español de este artículo, ampliado en varios puntos, en Sánchez-Verdú, José María: "En el viaje a Simorgh. Apuntes sobre misticismo, erotismo y éxtasis en relación a mis obras *Qasid 7 (Libro de las canciones)* y *La rosa y el ruiseñor*", en *Papeles del Festival de Música Española de Cádiz*, nº 1, 2005, pp. 21-29.).

[227] Pallasmaa, Juhani: *Tocando el mundo*, Ediciones Asimétricas, Madrid, 2019, p. 47.

[228] *Ibid*, p. 62.

La superficie como lugar de proyección de la imagen ha adquirido en los últimos años nuevas dimensiones, no solo en el terreno de las artes, sino también en muchos otros campos de la percepción humana. Se ha llegado a decir que en nuestra realidad actual todo es ya una pantalla: Giuliana Bruno ha señalado en uno de sus últimos estudios que "la pantalla ha llegado a ser una condición material omnipresente de la visión [...]"[229]. No solo está presente la pantalla en todos lados como lugar de manifestación de las imágenes en nuestra sociedad, sino que además la pantalla "es [...] la superficie de una reconfiguración, y llega a ser el plano de conexión y mediación entre las formas del arte"[230]. El término "superficie" presenta una vinculación con el terreno de la piel, y más en concreto con la parte visible de una superficie: *sur-face, super-ficie* (del latín *facies*, "cara"). La palabra tiene, por tanto, un origen epidérmico y concuerda con el propio rostro, que es la zona en la que se concentran los órganos de la visión. La inversión de una superficie, es decir, la parte no externa y visible, sino la interna y no visible se llamaría *interficie*... La superficie y la piel conllevan siempre la posibilidad y la función del pliegue[231]. Hoy, cuando todas las noticias apuntan hacia un futuro en el que tanto los nuevos televisores de pantalla plana como los móviles podrían conformarse como superficies plegables, es indudable que seguimos manteniendo una vinculación directa con un concepto esencial como es la superficie, campo epidérmico que vincula cada vez más al ser humano con su entorno, en los ámbitos de la comunicación, del entretenimiento o en los terrenos del arte. En este sentido la misma Bruno ha destacado cómo el concepto de *faciality* ha derivado en el de *sur-faciality*[232].

El tema de lo ornamental está directamente vinculado al concepto de superficie y ofrece numerosas perspectivas que pueden ser tratadas de maneras muy distintas y desde puntos de vista estéticos que a veces son antagónicos. La superficie conserva siempre elementos que atañen a 1) una superficie en la que se presentan datos, imágenes, etc., y 2) unos límites que configuran las fronteras de esa *facies*. Aquí es el momento de poder señalar la confrontación que dos términos han planteado a lo largo de la historia del arte: ornamento y decoración. El primero, ornamento, deriva de *ornamentum* y ha tenido una significación propia de especial entidad más allá del concepto de lo exclusivamente decorativo. El segundo término, decoración, deriva de *decor / decorum*, y pone el punto de atención precisamente en la significación que con frecuencia ha contaminado al primer término[233]. Lo que sí se puede constatar es que el ornamento ha sido un elemento fundamental durante siglos en el arte y un medio básico para la conformación de un estilo artístico determinado. E incluso puede constituir la esencia de un propio estilo artístico. Si cada cultura ha podido tener sus propios terrenos en torno a las posibilidades de la ornamentación artística, es en Europa donde se

---

[229] BRUNO, Giuliana: *Surface. Matters of aesthetics, materiality, and media*, University of Chicago Press, Chicago, 2014, p. 6.

[230] *Ibid.*, p. 7.

[231] Concepto de especial importancia en la filosofía de Gilles Deleuze. Cfr. DELEUZE, Gilles: *El pliegue*, Paidós, Barcelona, 1989.

[232] BRUNO: *op. cit.*, p. 15.

[233] Cfr. BRILLIANT, Richard: "Als Ornament noch mehr war als Zierde und Dekoration", en FRANK, Isabelle y HARTUNG, Freia (eds.): *Die Rethorik des Ornaments*, Wilhelm Fink, Múnich, 2001, pp. 13-14.

realizaron los primeros estudios de diverso tipo sobre la ornamentación, sobre todo atendiendo a diferentes culturas del mundo y a algunas culturas de la Antigüedad. Un ejemplo de ello es la famosa *Encyclopédie de l'ornament* que publicó en 1924 H. Th. Bossert, que recoge unas mil seiscientas imágenes con formas distintas de plasmar aspectos ornamentales (en tejidos, objetos de metal, cerámicas, etc.). A través de ciento veinte planchas esta publicación constituye un catálogo visual sobre esta temática[234].

Wilhelm Worringer (1881-1965), en su libro ya citado de 1908, *Abstraktion und Einfühlung* [*Abstracción y naturaleza*][235], señala que el "horror del espíritu a lo desconocido y lo incognoscible no solo creó los primeros dioses, sino creó también el primer arte. Con otras palabras: al trascendentalismo de la religión le corresponde siempre el trascendentalismo del arte"[236]. Aunque autores como Alois Riegl (1858-1905) o el citado Wilhelm Worringer legaron imprescindibles estudios sobre la temática del ornamento —destacando su importancia a través de estudios sobre aspectos como la repetición, la abstracción o el uso de patrones y de la superficie—, la crítica al ornamento también aparece y constituye una crítica en la reflexión estética a principios del siglo XX. Riegl trazó una historia del ornamento que confluye en una importante idea: no hay diferencia entre arte y ornamento. El pensamiento de Riegl se centra en la forma, y esta tiene una "motivación artística intrínseca", "desea" ser arte[237]. El arquitecto Adolf Loos (1870-1933) determinó una nueva concepción negativa de este en relación a la forma y al contenido en la obra de arte moderno, como veremos. Sedlmayr escribió que

> el ornamento, que surge desde el punto de vista pictórico, plástico e incluso tectónico (como el dentículo griego o los redientes del gótico) sobre un soporte plano o corporal, y que aparece en la arquitectura, en determinados enseres, sobre la página plana de un libro o en una pieza textil, etcétera, pierde toda su razón de existir cuando sus soportes, en su afán de pureza, lo rechazan[238].

Sedlmayr señaló al ornamento como "el único género artístico que no puede existir de forma autónoma, ni siquiera puede ser concebido"[239]. Otro autor como Kahnweiler también expresó su crítica al ornamento en el arte moderno en un año temprano como fue 1920. Cuestionó las obras pictóricas "sin objeto" que usan formas coloreadas, etc., como base de su expresión; no es el impulso artístico el que produce la

---

[234] BOSSERT, H. Th.: *Encyclopédie de l'ornament*, Éditions Albert Morancé, París, 1959 [1ª ed., 1924].

[235] La traducción, desde mi punto de vista, no es acertada en castellano. *Einfühlung* conlleva aspectos tan importantes como el sentir (*fühlen*), o el sentimiento vinculado a alguien o a un lugar, pero es un sentir "junto a alguien o algo", una forma de interiorización también. Esta perspectiva de sentimiento como "compenetración" o interacción entre varias partes que se confrontan —por ejemplo, a partir de la percepción de un objeto artístico, como hace Worringer— queda diluida con la traducción de "naturaleza".

[236] *Ibid.*, p. 178.

[237] Cfr. VIDAL, Carlos: *Invisualidad de la pintura. Una historia de Giotto a Bruce Nauman*, Brumaria, Madrid, 2018, pp. 308-309.

[238] SEDLMAYR: Hans: *La revolución del arte moderno*, Acantilado, Barcelona, 2008. p. 69.

[239] *Ibid.*, p. 70.

creación de estas pinturas, sino "el afán de adorno"[240]. Para Kahnweiler estos pintores lo que crean es mera "ornamentación"[241]. El citado Adolf Loos destacó ya antes en este panorama crítico y centró parte de su texto *Ornament und Verbrechung* (1908)[242] en la crítica a la ornamentación. Loos señaló la parte negativa que la ornamentación poseía sobre todo en las edificaciones de principios de siglo (en concreto el *Art Nouveau*).

Ante estas reflexiones en torno a lo ornamental en la pintura y en el caso de Loos en la arquitectura se debe señalar aquí de forma paralela la posición en la música de Arnold Schönberg. Schönberg comparte la opinión de Loos en su rechazo a lo ornamental: no acepta que ciertos sonidos funcionen como mera ornamentación[243]. La conferencia de Loos *Ornamento y delito* tuvo una especial importancia como eco en el pensamiento de Schönberg. Ornamentar una sucesión de acordes "a posteriori" es "una puerilidad", y además "son ejercicios inmorales, y no se puede aprender la moral ejercitándose en lo inmoral"[244]. El concepto de "belleza" en Schönberg ha sido vinculado por Klaus Kropfinger[245] a la necesidad de la existencia de una estructura, una sucesión de pensamientos musicales sin ornamentos en el sentido apuntado por Loos y compartido por Schönberg. De esta manera, el concepto de ornamentación se ha vinculado con el *Art Nouveau* y naturalmente con el *Jungstil* alemán. La ornamentación es en estas formas artísticas de gran importancia, y conceptos como la línea y la superficie son esenciales. La vinculación de Schönberg en este campo con el arquitecto Henry van de Velde (1863-1957) ha sido también destacada[246]. Van de Velde trató esta temática y usó la construcción terminológica de *ornament structo-linéaire-abstrait*[247]. El terreno de lo ornamental, como se ve, es centro de debates encendidos y a la postre un aspecto esencial en la determinación y configuración de las posiciones estéticas de muchos artistas en esos primeros decenios del siglo XX.

Juan-Eduardo Cirlot (1916-1973) ha hablado de un espíritu abstracto reconocible como parte esencial del pensamiento humano a la hora desarrollar una forma de expresión artística, en concreto en la superficie ornamentada[248]. Este espíritu se deja ver en las culturas prehistóricas, sea en piedras, en huesos, en paredes, etc. Cirlot atiende al uso de diseños, líneas, simetrías, etc., en los procesos de ornamentación que destacan dentro de la plasmación de ese carácter abstracto que ha estudiado. Esta

[240] KAHNWEILER, Daniel-Henry: *El camino hacia el cubismo*, Acantilado, Barcelona, 2013, p. 91.

[241] *Idem.*

[242] Esta conferencia de Loos fue publicada posteriormente como libro. En castellano: Loos, Adolf: *Ornamento y delito*, Gustavo Gili, Barcelona, 1972.

[243] Cfr. PONS, Jordi: *Arnold Schönberg. Ética, estética, religión,* Acantilado, Barcelona, 2006, p. 90.

[244] Cita de Schönberg tomada de PONS, Jordi: *op. cit.*, p. 91.

[245] KROPFINGER, Klaus: "Linie – Prozess der Strukturen. Ein Jugendstilphänomen in Musik und bildender Kunst", artículo publicado en la recolección de textos de este autor en KROPFINGER, Klaus: *Über Musik im Bilder. Teilband II,* Verlag Dohr, Colonia / Rheinkassel, 1995, p. 469.

[246] *Ibid.*, p. 465.

[247] *Idem.*

[248] CIRLOT, Juan Eduardo: *El espíritu abstracto. Desde la prehistoria a la edad media*, Eunsa, Barañáin (Navarra), 1965. Cirlot analiza estos procesos abstractos en el arte de diversos momentos históricos, desde el Paleolítico superior hasta grupos culturales de la misma Edad Media.

gestualidad posee para él un "valor musical y evidentemente abstracto"[249]. Y, además, dentro de este análisis, la geometría juega un papel esencial, de una manera plástica y a la vez simbólica[250].

Para uno de los grandes investigadores sobre el tema del ornamento, sobre todo en el mundo islámico, Oleg Grabar (1929-2011), este concepto ha tenido una ambivalencia especial poque ha sido el territorio en el que han residido las críticas o los apoyos más incondicionales en el momento de valorar una forma de creación artística. Lo que es bueno para algunos precisamente por la ornamentación, para otros es la base para asentar una crítica negativa[251]. Oleg Grabar define el ornamento como

> […] algo cuya forma no tiene referentes externos. El ornamento no es iconográfico, es decir, no porta ningún mensaje que pueda ser expresado, tampoco con palabras que en la relación entre encargante y artista o comerciante de arte pueda ser compartido para describir una obra en un primer momento […][252].

Precisamente uno de los aspectos más destacados de este arte islámico tan estudiado por Grabar[253] ha sido la reflexión y el uso de la superficie como lugar de trabajo para la ornamentación. La caligrafía y la ornamentación cumplen un papel esencial en la configuración de la estética del arte islámico. La superficie es el territorio rey para la ornamentación. Esta superficie también puede plegarse, e incluso devenir tridimensional o hacerse esférica, y está constituida por materiales tan distintos como la piedra, la piel, el cuero, la tierra, el papel o la madera. En su expansión la ornamentación puede formar parte de la decoración de objetos de cerámica, de cubiertas de libros, tejidos de trajes o alfombras o del desarrollo de la fachada de un edificio. La ornamentación parece privilegiar un cierto sentido del placer a través de la contemplación visual de una superficie (la fachada en arquitectura, una pared interior de un palacio o una alfombra decorativa). "La ornamentación es una forma de crear, pero también de ver"[254].

Henri Matisse (1869-1954) fue uno de los grandes maestros en el uso de formas ornamentales en el arte europeo, sobre todo a partir de 1917 cuando se instaló en Niza. Hizo de la ornamentación una parte esencial en el desarrollo de su propio lenguaje. La influencia de la decoración de otras culturas como la persa o la magrebí es evidente y dejó rastros en su trabajo creativo; entre sus viajes —en busca de la luz y de otros colores— estuvieron Argel, Marruecos o Tahití, donde encontró un mundo subyugante[255].

---

[249] *Ibid.*, p. 55.

[250] Véase CIRLOT: *op. cit.*, pp. 111 y ss.

[251] GRABAR, Oleg: "Die ethische Dimension des Ornaments", en FRANK, Isabelle y HARTUNG, Freia (eds.): *Die Rethorik des Ornaments, op. cit.,* p. 74.

[252] *Ibid.*, p. 63.

[253] En castellano véase, por ejemplo, GRABAR, Oleg: *Arte y arquitectura del Islam 650-1250* (con Richard Ettinghausen), Cátedra, Madrid, 1996; y también GRABAR, Oleg: *La formación del arte islámico*, Cátedra, Madrid, 1979.

[254] Cfr. TRILLING, James: *The language of Ornament*, Thames & Hudson, Londres, 2001, p. 23.

[255] Sobre este interés por la luz véase especialmente GUILBAUT, Pierre (ed.): *Henri Matisse. La desconocida entrevista con Pierre Courthion de 1941* (vol. II), Confluencias, Salamanca, 2016, pp. 37 y ss. [en referencia a

De cada uno de estos viajes y encuentros surgieron impulsos y resultados palpables en su estética y en la evolución de su paleta. La ornamentación tenía pues algo de exótico, formaba parte de esos encuentros con otras culturas y regiones del mundo.

Walter Benjamin (1892-1940) señaló al ornamento como la forma perfecta del laberinto; lo definió como "protofenómeno" de aquella "múltiple interpretabilidad"[256] que corresponde al "aura auténtica" y a su "concepto adecuado"[257]. Benjamin descubrió en los cuadros tardíos del pintor Van Gogh este tipo de *aura* pintada. El aire se convierte en esos lienzos en una superficie viva de color, formas y manchas...

La reflexión sobre el valor y significación de la ornamentación ha seguido siendo temática importante en numerosos autores hasta la actualidad. El arquitecto Juan Navarro Baldeweg ha señalado que

> […] el ornamento no ha pretendido nunca representar las cosas sino reunirlas. El ornamento tiene sin duda mucho de abstracto, pero se llena de figuras; permite dar espacio a la figuración. […] eso que hay entre las cosas […]. El ornamento es huidizo, casi intangible. Informe incluso, en el sentido de que informa o preforma figuras distintas. Esos poderes originales del ornamento se mantienen intactos […]. Son energías preformativas[258].

La función del ornamento dentro de un marco y en relación a los materiales en que se desenvuelve (letras, sonidos, textiles, superficies de un edificio, etc.) va a ser de una dimensión esencial para definir algunos estilos y lenguajes concretos, tanto en la misma caligrafía islámica como en la música o en la arquitectura. Es por ello que puede ser un elemento de gran importancia en la configuración de un lenguaje y un estilo propio.[259]

La caligrafía, una de las máximas expresiones en el mundo árabe de la ornamentación sobre una superficie, se mueve en dos campos distintos de forma paralela: el de las significaciones y el de la ornamentación. En las más diversas formas de ornamentar y rellenar el espacio inciden algunas de las técnicas más destacadas de este arte: los azulejos, las formas de los alicatados, los diseños de lacería, los trabajos en estuco como los mocárabes, etc., y naturalmente las normas de estilización, repetición, patrones, etc., del alifato árabe a la hora de expandir esta caligrafía por ciertas superficies. La palabra de Alá es expresada mediante la escritura en el libro por antonomasia para el musulmán: el Corán. La caligrafía se convierte así en "el objeto visible de la revelación divina, tanto en el cuerpo como en el contenido"[260]. El origen de la caligrafía se sitúa en el punto de contacto del cálamo con una superficie de papel. Este punto es el elemento

---

Tahití], y pp. 56 y ss. [en cuanto a Argelia y Marruecos].

[256] BENJAMIN, Walter: *Obras* VI, Abada, Madrid, p. 604.

[257] FÜRNKÄS, Josef: "Aura", en *Conceptos de Walter Benjamin*, ed. Michael Opitz y Erdmunt Wizisla, Editorial Las cuarenta, Buenos Aires, 2014, p. 103.

[258] NAVARRO BALDEWEG, Juan: *La habitación vacante*, Pre-Textos, Valencia, 1999, p. 113.

[259] Cfr. SÁNCHEZ-VERDÚ, José María: "Elogio de la superficie. Apuntes interdisciplinares sobre ornamentación, caligrafía islámica y música", en BENLABBAH, Fatiha (ed.): *El barzaj de la inspiración: la espiritualidad islámica en las artes contemporáneas de la península ibérica y América Latina*, Al Irfan, Rabat, 2017, pp. 143-164.

[260] ARDALAN, Nader y BAKHTIAR, Laleh: *El sentido de la unidad. La tradición sufí en la arquitectura persa*, Siruela, Madrid, 2007, p. 110.

generador de las proporciones y medidas de los trazos de las letras[261]. El gran especialista en el pensamiento árabe, Puerta Vílchez, ha escrito que

> la renuncia al empleo de las imágenes para transmitir los diversos mensajes de la Revelación en los lugares de culto convirtió a la caligrafía en el arte por excelencia de dichos lugares y en la responsable de marcar, y embellecer, con la solemnidad y aura sacra del texto sagrado los edificios más señalados y toda clase de objetos[262].

La interacción del arte de la escritura y de la caligrafía con el conocimiento y la teología produjo una gran expansión de escuelas de calígrafos en la cultura árabe.[263] La tradición de la caligrafía en la tratadística y en sus diversas escuelas llega hasta hoy. El arte de la caligrafía sigue siendo hoy un terreno destacado en muchos artistas contemporáneos.

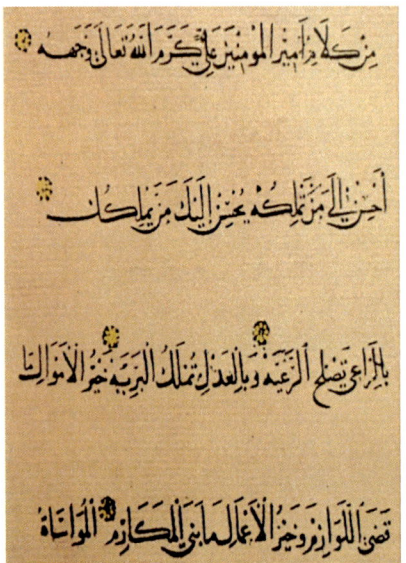

Figura 11. Tratado de caligrafía de Ibn Muhammead al-Tibi (siglos XV-XVI).
Caligrafía estilo *nasj faddah* (una variante cursiva del *tulut*)[264].

La caligrafía destaca por la ocupación y desarrollo de su propio sistema dentro de un espacio dado (sea papel, piedra, madera, la superficie de algún objeto, etc.)[265]. Sus principales características residen en el ritmo y la cadencia: a través de ellos la tinta se fija en el papel (trasladable luego a otros sistemas de caligrafía derivados del cáñamo

---

[261] PUERTA VÍLCHEZ, José Miguel: *Elogio del cálamo. Historia, formas y artistas de la caligrafía árabe*, Edilux, Granada, 2007, p. 24.

[262] *Ibid.*, p. 42.

[263] Cfr. PUERTA VÍLCHEZ, José Miguel: *Elogio del cálamo…*, p. 74.

[264] Tomado de PUERTA VÍLCHEZ, José Miguel: *Elogio del cálamo…*, p. 237.

[265] Cfr. PUERTA VÍLCHEZ, Hassan: *Calligraphie arabe vivante*, Flammarion, París, 1981, p, 62.

que se basan en la escritura en materiales rígidos —piedra, estuco— o a materiales como los tejidos), desplegando el propio arte de la caligrafía como ornamentación, como contenido semántico y como búsqueda de una profundidad simbólica, abstracta y teológica de forma conjunta. Las posibilidades de desarrollo que ofrecen las diversas tipologías de escrituras caligráficas —normalmente asociadas a determinados centros geográficos, como la cúfica, de Kufa, ciudad de Irán y centro histórico destacadísimo en la caligrafía árabe— han creado inverosímiles formas de tratar el espacio. Los márgenes de los juegos con la ornamentación se han desarrollado a través de formas en espejo, diseños laberínticos, creación de figuras reconocibles de animales u objetos (un barco, un pájaro, etc.), estilizaciones diversas de estas figuras o formas geométricas resultantes del uso de la caligrafía en un espacio. Sin entrar en planteamientos enormemente sorprendentes en el arte caligráfico actual podemos ver ejemplos de hace varios siglos que ya constituían un elogio del uso de la superficie como campo para la ornamentación. El ejemplo siguiente ornamenta un espacio cuadrado de forma radicalmente geométrica y ofrece, además, un contenido semántico religioso que se puede leer en árabe.

Figura 12. Interior de un mausoleo en Isfahan, Irán (1303).
Estilo cúfico geométrico[266].

En el arte de la caligrafía actual conviven numerosas perspectivas y autores que hacen de ella un territorio espléndido para conjugar la tradición con nuevas posibilidades y derivaciones personales[267]. El uso del alifato, los desarrollos de la geometría, la

---

[266] Tomado de MASSOUDY, Hassan: *Calligraphie árabe vivante*, Flammarion, París, 1998, p, 53.
[267] Véase, en el marco español, la publicación que se realizó con motivo de una exposición sobre caligrafía

repetición y elementos que, por su abstracción total, por el desligue de la palabra como base y en direcciones a veces concomitantes con la pintura del siglo XX, han hecho de la caligrafía en los últimos años un campo enormemente interesante en la conjunción entre superficie, trazo, ornamentación y escritura. Hay, sin embargo, elementos de la caligrafía árabe antigua que siguen perviviendo, como señala el artista calígrafo Hassan Massoudy (Iraq, 1944):

> el predominio de las formas curvas en casi todos los estilos […]; o la unión de las letras, que concede a la palabra ese aire de cuerpo compacto; y por supuesto las proporciones justas entre grosor y altura, enunciadas y estudiadas desde la noche de los tiempos. Todos estos factores son contemplados por el calígrafo, que mezcla intuición y conjetura, y se deja guiar conducido por su gusto personal y su cultura. La caligrafía moderna puede aprovechar este rico legado y añadir el aporte de nuevas culturas, de nuevos canales de información y de los avances en materia de concepción del espacio[268].

La manipulación de la superficie mediante la geometría, la estilización de imágenes, la ornamentación caligráfica o el uso de unidades menores (patrones) para rellenar espacios o superficies más amplias es la base de un complejo y refinadísimo trabajo. En este terreno el concepto de repetición es esencial. La inmensa riqueza de esta elaboración se expande a los terrenos de las matemáticas, la geometría y la teoría de grupos[269]. La geometría, en cuanto que expresión del número, adquiere en el mundo islámico un peso de primera magnitud. Se ha escrito que el número 1 genera el punto, el 2 la línea, y el 3 el triángulo; las formas que nacen de la geometría "conducen a la mente contemplativa desde lo sensible a lo inteligible"[270].

Un espacio como la Alhambra de Granada atesora un compendio de 17 tipologías de simetrías en sus paredes, suelos, fuentes, etc. Estas diecisiete fórmulas de expansión de patrones a través de las superficies hasta ahora identificadas han podido ser estudiadas más recientemente a través de programas informáticos y de otras herramientas de la tecnología actual. Sin embargo, todo este refinado y complejo trabajo data ya del siglo XIV. La geometría y la simetría eran "atributos de un Dios perfecto y modos adecuados de representar su perfección en el arte […]"[271].

> La simetría crea un ritmo que casi hace latir las paredes, produciendo el efecto de una imagen que se mueve, que sugiere la expansión infinita del espacio[272].

árabe en la Casa Árabe de Madrid en 2010: PUERTA VÍLCHEZ, José Miguel (ed.): *Libertad e innovación. Caligrafía árabe contemporánea*, Turner / Casa Árabe, Madrid, 2010.

[268] MASSOUDY, Hassan: "La caligrafía árabe moderna", en PUERTA VÍLCHEZ, José Miguel: *Libertad e innovación…*, *op. cit.*, p. 51.

[269] Véase el espléndido estudio de Hernández Rojo sobre los mosaicos de la Alhambra: HERNÁNDEZ ROJO, Fernando: "Desde el estudio de los elementos de simetría de los mosaicos de la Alhambra hasta la creación de nuevos diseños", en *Arte y geometría*, Universidad de Granada, Granada, 2010, pp. 49-82.

[270] ARDALAN y BAKHTIAR, *op. cit*, p. 78.

[271] DU SAUTOY, Marcus: *Simetría. Un viaje por los patrones de la naturaleza*, Acantilado, Madrid, 2009, p. 93.

[272] *Ibid.*, p. 97.

La maestría de los artistas islámicos para rotar, permutar, variar de posición, invertir, combinar, etc., cada pieza de azulejo con otras mediante su preproducción a lo largo de una superficie siempre con base en la geometría y la simetría es la cúspide de un trabajo excepcional en el terreno de la ornamentación y el uso de la superficie con fines artísticos. Y la repetición es conjugada como el alma de todas estas manifestaciones.

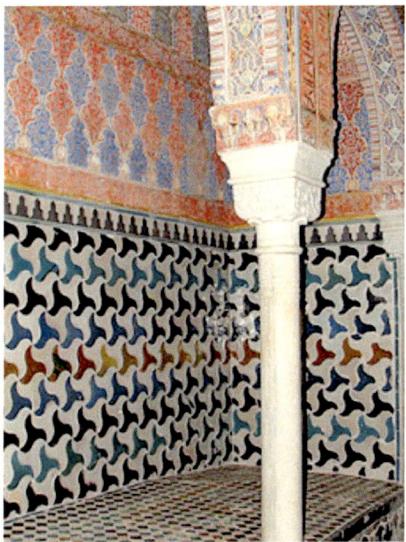

Figura 13. Azulejos (La Alhambra).
Tomado de la web del Patronato de La Alhambra.

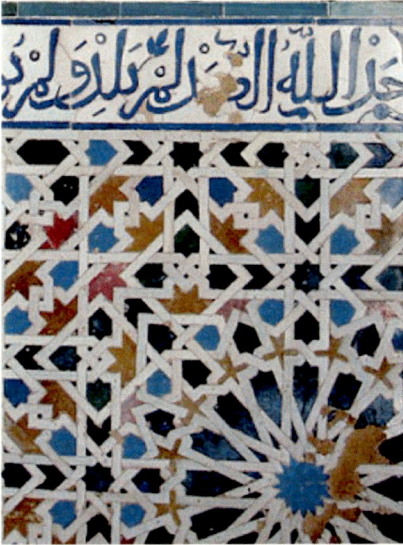

Figura 14. Detalle de alicatados de la Alhambra.
Tomado de la web del Patronato de La Alhambra.

En otro tipo de superficies, como en el ejemplo que sigue, el artista islámico combina la geometría y la simetría además con la finalidad de generar una estructura que deja pasar la luz, pero no la imagen. El arte islámico destaca por su uso de velos, de elementos ocultos (como la misma geometría en muchos casos), etc., que no dejan pasar la imagen real: solo se percibe su aroma, su esencia áurica… Este juego de ocultaciones es propio no solo del arte y de la arquitectura islámicos, sino también de la propia literatura, y más en concreto es un aspecto esencial de su poesía. Esto ha sido rastreado como un elemento ya previo, preislámico, que se ha mantenido tras la aparición del Islam y ha condicionado muchos rasgos que ya eran prototípicos del mundo semítico.[273] En el arte islámico, y en palabras de Titus Burckhardt,

> el artista que desea expresar la idea de la "unidad de la existencia" o "unidad de lo real" (*wahdat al-wujûd*), tiene en la práctica tres medios a su disposición: la geometría, que traslada la unidad al orden espacial; el ritmo, que la revela en el orden temporal y también de modo indirecto en el espacio; y la luz, que es para las formas visibles lo que el Ser para las existencias finitas[274].

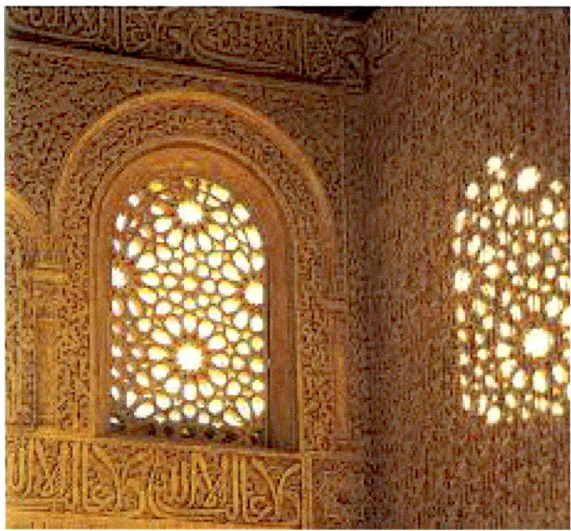

Figura 15. Celosía. La Alhambra.
Fotografía del autor.

---

[273] Un ejemplo es la poética no solo de un Ibn ʿArabî, sino también del citado árbol de la literatura semítica que fluye desde el *Cantar de los cantares* hasta autores sufíes del Islam posterior y su floración incluso en los grandes místicos castellanos del siglo XVI como San Juan de la Cruz y Santa Teresa de Ávila. Todos comparten ese rasgo del velo, de la ambigüedad, de no decir las cosas directamente sino a través del ocultamiento, el trasluz, la metáfora. La erótica y lo ambivalente son parte esencial de esta forma de pensamiento. Todo esto se ha estudiado en la literatura, en la historia del arte o en la misma filosofía. Sobre esta temática en relación al erotismo y al misticismo —con algunos apuntes sobre la repetición— véase SÁNCHEZ-VERDÚ, José María: "Anmerkungen über Mystik, Erotik und Ekstase im Zusammenhang mit *Qasid 7 (Buch der Lieder)*", en *Le Sacre,* Pfau, Saarbrücken, 2001, pp. 101-108.

[274] BURCKHARDT, Titus: *El arte del Islam: Lenguaje y significado*, Olañeta, Palma de Mallorca, pp. 70-71.

Este desarrollo de permutaciones y otras fórmulas aplicadas a través de esas 17 fórmulas encuentra una multiplicación exponencial si a las formas se le añade la combinatoria de los colores[275]. El sufismo ha trabajado con la posibilidad de usar el color para crear campos de vibraciones en las superficies de azulejos mediante las variaciones de sus tonalidades y de las formas de combinarlas. La vibración de estos colores superpuesta a la estructura de la propia superficie geometrizada ofrece un terreno de sublime refinamiento. Ana Crespo ha estudiado espléndidamente todo este mundo en los dos volúmenes de su libro *Los bellos colores del corazón. Color y sufismo*[276].

Finalmente se ha de señalar un ejemplo especial del arte islámico presente en la Alhambra y también en muchos otros palacios y mezquitas del mundo islámico. Se trata de la posibilidad de articular una transición desde la ornamentación de la superficie hacia una perspectiva tridimensional. La superficie de una cúpula, por ejemplo, deviene estructura arquitectónica a través de una expansión de la estructura en dos dimensiones hacia las tres dimensiones, generalmente a través del uso del estuco. Son las denominadas *muqarnas*. Las *muqarnas* crean y se expanden a través de un juego escultural de la superficie tratada, buscando y desarrollando este espacio tridimensional. Son probablemente la única forma ornamental que toma plena ventaja de las relaciones espaciales que crean estas formas en su estructuración[277].

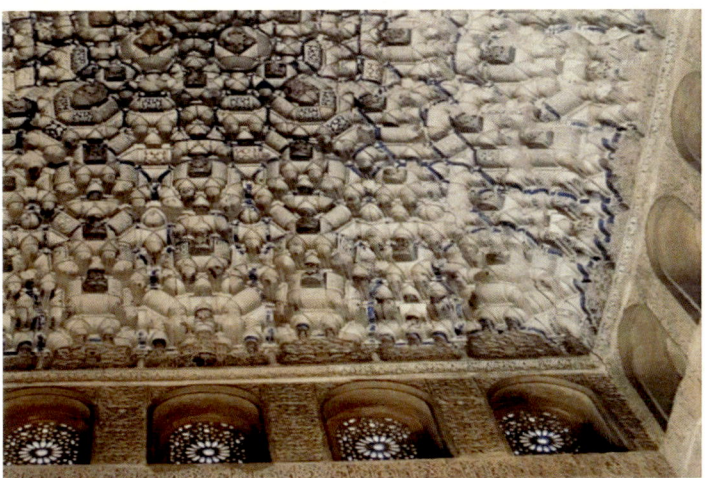

Figura 16. *Muqarnas* **en la sala de Los Reyes, en la Alhambra.**
Fotografía del autor.

Un campo de estudio paralelo al de la caligrafía y al de la pintura, así como al mundo de los azulejos, alicatados y *muqarnas*, también en el ámbito de la ornamentación, es el que atiende precisamente a la superficie o revestimiento en la arquitectura. Este es un tema de primera magnitud que está directamente vinculado a aspectos no solo

---

[275] Cfr. Du Sautoy: *op. cit.,* p. 118.

[276] Crespo, Ana: *Los bellos colores del corazón. Color y sufismo*, Mandala Ediciones, Madrid, 2009 (vol. I) y 2013 (vol. II).

[277] Cfr. Trilling, James: *The language of Ornament*, Thames & Hudson, Londres, 2001, p. 69.

históricos y estéticos, sino también de urbanismo, de política, de materiales, y filosóficos. Las superficies visibles de las construcciones arquitectónicas trazan todo un mundo de posibilidades en cuanto a la translucidez o impermeabilidad de las estructuras internas, en cuanto a cuáles son las relaciones entre exterior e interior. En ese sentido,

> el paso de la piel, ritual y primitiva, al muro de los recintos sagrados, y de éste a la fachada como superficie privilegiada y representativa de los edificios, culmina hoy en la hipersuperficie, que es interfaz entre la epidermis del cuerpo y el paisaje en que se inscribe[278].

Sin duda el arquitecto se enfrenta a la superficie exterior de su trabajo en coordenadas que pueden ser muy distintas[279]. Desde la construcción de las fachadas siguiendo modelos clásicos hasta la fachada-pantalla (que es transformable a través de medios digitales y electrónicos para cambiar de aspecto de maneras infinitas), el revestimiento de estas superficies no deja de ser, en una primera aproximación, un aspecto fundamental de cara a la estética y caracterización de un edificio.

El ejemplo siguiente del arquitecto español Alejandro Zaera (1963) muestra la superficie del revestimiento del Pabellón de España para la Expo de Aichi en 2005 (Japón). Zaera articula estructuras geométricas (hexágonos) cambiantes y ensamblables que cubren toda la pared creando una sabia vinculación con la naturaleza (los hexágonos de los panales de las abejas en primer término), y a través de esta técnica de concatenación expande y crea el espacio de la superficie del pabellón en modo similar no solo a la naturaleza (las citadas abejas o las estructuras de cristales), sino también al artista islámico.[280] Los procesos puestos en juego se basan, igualmente, en la repetición de patrones, en las variaciones, en las concatenaciones y transformaciones de esa superficie.

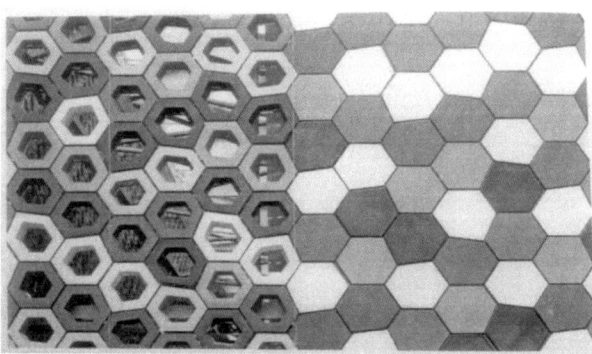

Figura 17. Alejandro Zaera.
Superficie de la pared del Pabellón Español para la Expo de Aichi[281].

---

[278] Trovato, Graziella: *Des-velos. Autonomía de la envolvente en la arquitectura contemporánea*, Akal, Madrid, 2007, p. 17.

[279] Cfr. Leatherbarrow, David y Mohsen, Mostafavi: *La superficie de la arquitectura*, Akal, Madrid, 2007.

[280] Diferentes leyes entran en juego. Una es la del reparto del espacio atendiendo a la máxima resistencia de los materiales. A esto se suma el principio de mínima acción o el equilibrio cristalino. Cfr. Ghyka, Matila C.: *Estética de las proporciones en la naturaleza y en las artes*, Poseidón, Barcelona, 1983, pp. 100 y ss.

[281] Tomado de Trovato, Graziella: *op. cit.,* p. 154.

Este desarrollo de la superficie a través de la geometría presenta múltiples relaciones con la naturaleza y los modos en que esta se articula. La naturaleza lo hace mediante retículas, patrones, tapices, etc., conformando estructuras y formas originales en dos y en tres dimensiones —como en las citadas *muqarnas* islámicas—. Ejemplos de ello son múltiples formas de patrones, las burbujas, las olas o lo granular, y todo en sus más diversos modos de conformación en la naturaleza[282].

Ampliando esta visión se puede llegar también al estudio de las llamadas simetrías caóticas, también existentes en la naturaleza. Estas se presentan a través de procesos y resultados azarosos y lejanos a los conceptos tradicionales de repetición, simetría y regularidad[283]. Los procesos de ruptura espontánea de simetría en la física han sido estudiados especialmente en procesos electromagnéticos. Un sistema puede caer en un estado de vacío y dejar de comportarse temporalmente de forma simétrica. El físico Ling-Fong Li (1944), desde los años setenta, se ha centrado en las rupturas de los patrones de simetría (se ha hablado de sistemas-Li), y ha señalado que es posible construir una teoría de campo renormalizable para unificar las interacciones débil y electromagnética[284]. Procesos no controlados que afectan a determinadas superficies pueden constituir auténticos universos de simetrías caóticas de gran belleza que encuentran una parte de su esencia en la imposibilidad de determinar un método de origen para su configuración. Una superficie de ondas o dunas en un desierto de arena puede ser ejemplo de esto.

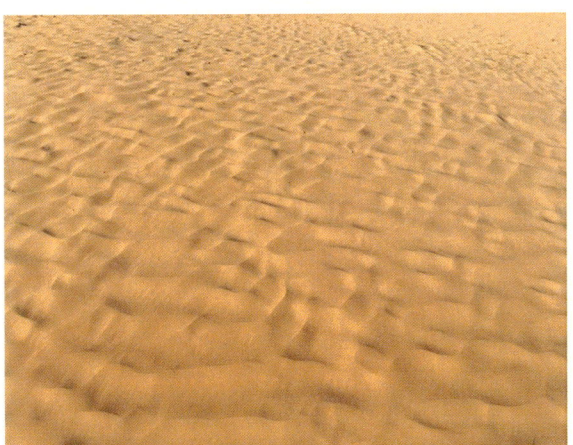

Figura 18. Kebili. Desierto en Túnez.
Fotografía del autor.

Estas formas repetitivas y a la vez irregulares —unidas bajo una apariencia de geometrización no sistematizable *a priori* bajo un sistema— nos conducen al tema de

---

[282] Cfr. BALL, Philip: *The self-made tapestry. Pattern formation in nature*, Oxford University Press, Oxford, 1999.
[283] Cfr. FIELD, Michael y GOLUBITSKY: *Chaotische Symmetrien*, Birkhäuser, Basilea, Boston y Berlín, 1993.
[284] Cfr. Li, Ling-Fong: "Group Theory of Spontaneously Broken Gauge Symmetries", Physical Review D, vol. 9/6 (15/03/1874), p. 1.

la contingencia como categoría. La naturaleza, por ejemplo, muestra formas de irregularidad que se desvían de las reglas de una observación empírica[285]. Como forma de organicidad —señala Yuk Hui— se debe atender no solo a las relaciones entre el todo y las partes, sino a la posibilidad de un principio de autoorganización y autopoesis que el mismo Hui opta por llamar *recursividad*[286]. En este sentido habría que distinguir dos conceptos con frecuencia vinculados, y que, sin embargo, abren campos diversos de significación en terrenos muy diferentes: la contingencia y la casualidad (*Zufall*)[287]. En el terreno de la contingencia —también en la naturaleza— podemos señalar, con Wittgenstein, que "todo lo que vemos podría ser también de otra manera. / En general, todo lo que podemos describir podría ser también de otra manera. / No hay orden alguno a priori de las cosas".[288] Fuera de la lógica —para Wittgenstein— "todo es casualidad"[289].

También en la genética han podido ser analizados procesos similares, por ejemplo en cuanto a las manchas de la piel en determinados animales mamíferos. Se han individualizado genéticamente diferentes grupos de mamíferos en su distribución por grandes extensiones de territorio, por ejemplos diferentes familias de jirafas en África. Estas formas en la piel son una marca externa de reconocimiento a través de sus características geométricas[290]. En todo esto juega un papel interesante la azarosidad de estas manchas en la piel, pero a su vez el sustrato genético que está en la base de sus particularidades. No solo jirafas, sino también leopardos, guepardos o cebras han sido objeto de estudio en este sentido para entender estas formas de geometrías azarosas y sus procesos de desarrollo desde el embrión.

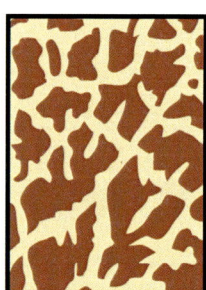 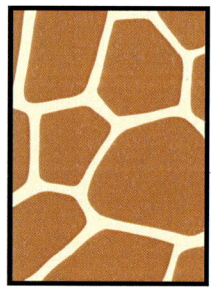 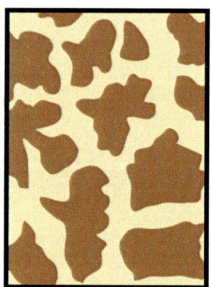 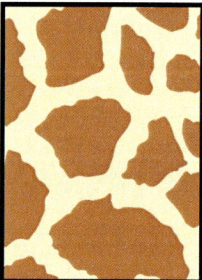

Figura 19. Formas de manchas en la piel de cuatro grupos de jirafas en África[291].

[285] Cfr. Hui, Yuk: *Recursividad y contingencia*, Caja negra, Buenos Aires, 2022, p. 66.

[286] *Ibid.*, p. 67.

[287] Cfr. Stichweh, Rudolf: "Die Rolle des Zufalls in den Funktionssystemen der Weltgesellschaft. Eine vergleichenden Perspektive", en Böhme, Harmut, Röcke, Werner, y Stephan, Ulrike C. A.: *Contingentia. Transformationen des Zufalls*, De Gruyter, Berlín y Boston, 2016, pp.180-181.

[288] Wittgenstein, Ludwig: *Tractatus logicus-philosophicus* [5.634], Alianza Editorial, Madrid, 2002, p. 145.

[289] *Ibid.*, p. 167.

[290] Cfr. Brown, David M.; Brenneman, Rick A. y Koepfli, Klaus-Peter (*et al.*): "Extensive population genetic structure in the giraffe", en *BMC Biology*, vol. 5/57 (21/12/2007).

[291] *Ibid.* p. 2.

Otro campo en el que una superficie es parte importante de distintos procesos de ornamentación, con valores simbólicos de diverso tipo, es la piel humana. Desde la Antigüedad se ha podido atestiguar el uso de distintas formas de ornamentación y de distintas técnicas. La pertenencia a distintos grupos tribales, a un grupo social, o como meros elementos religiosos o mágicos son algunos de los orígenes de esta forma de tratar y manipular la piel. En las sociedades actuales la piel sigue siendo un espacio de escritura con finalidades sociales, políticas, etc. (a través de tatuajes, de objetos que se pueden insertar en ella, de colorantes y tintados, etc.). La piel puede conformar la adscripción a un grupo social (como en las sociedades primitivas), o también puede ser el espacio de la rebelión, en lo que más recientemente se llamó la "piel antisocial"[292]. Todo ello deja el mundo de la piel, como límite entre el cuerpo humano y su entorno, como el último *locus* —y a la vez el más cercano e íntimo al hombre— de manipulación en un orden ornamental de este concepto hasta ahora tratado de la superficie.

Ahora se debe llamar la atención sobre la posibilidad de contemplar también el estudio de la ornamentación no ya en el plano (o en las tres dimensiones de lo escultural e incluso arquitectónico) o en la propia piel humana, sino en el material musical. No tanto en el sentido de la ornamentación barroca, prototípica forma de expresión en la composición e interpretación de ese periodo —y también básica en periodos anteriores— sino como elemento estructurador de ciertos lenguajes y estéticas que usan elementos similares al de la caligrafía islámica pero en un plano musical. Ejemplos de ello son la repetición, la multiplicación de figuras musicales derivadas de procesos aprioristicos, el cuestionamiento de los marcos cerrados a favor de estructuras formales sin principio ni fin, etc. Algunos de estos aspectos se verán a continuación.

El concepto de *arabesco* debe ser extrapolado a la música desde el mundo de la ornamentación. El arabesco o el ataurique (palabra del árabe توريق) es una forma de denominación de un modo de ornamentar basado en el uso de elementos repetitivos, patrones, elementos estilizados, etc., que con frecuencia están muy vinculados a mundos de ramas, hojas, flores, del follaje vegetal en general, etc. Estas formas son recurrentes en la superficie de las paredes en espacios del mundo islámico como alcazabas, palacios o mezquitas. También son típicas en otros soportes y objetos, como en la cerámica, en la pintura, etc. Y siempre se desarrollan en superficies, sean planas o curvas. Es decir: están en un principio adscritas al mundo de las dos dimensiones. Con imaginación —y teniendo en consideración estructuras ornamentales tridimensionales como las citadas *muqarnas*— sería posible pensar en una expansión de este mundo del arabesco a un espacio de tres dimensiones, casi en el sentido que la imaginación crea en nuestras mentes al leer el conocido relato de Jorge Luis Borges de *La biblioteca de Babel*[293]. Cristina Grau ha desarrollado la geometría en el espacio que tendría esta

---

[292] Véase VELASCO MAÍLLO, Honorio M.: *Cuerpo y espacio. Símbolos y metáforas, representación y expresividad en las culturas*, Editorial universitaria Ramón Areces, Madrid, 2010, p. 134.

[293] BORGES, Jorge Luis: *La biblioteca de Babel*, publicado por vez primera en la recopilación *El jardín de senderos que se bifurcan*, Sur, Buenos Aires, 1941.

biblioteca[294]. Sobre la vinculación directa con la naturaleza, con sus ciclos y con el tiempo destaca la importancia de las siguientes palabras de dos autores de origen iraní:

> De la misma manera que la naturaleza reposa en el ritmo, el arabesco también expresa en su concepto una cadencia: refleja movimientos marcados por la recurrencia de los rasgos, elementos y fenómenos, de ahí su periodicidad.
> Este ritmo es una manifestación del tiempo, en el sentido de que los motivos se dan en una sucesión sincrónica, tal y como hacen las olas, los ciclos, o las combinaciones fluidas[295].

Los arabescos cubren en parte o totalmente una superficie, dejando un fondo pasivo. En este sentido los patrones o figuras expandidas de forma continua evocan un proceso de infinitud; esta sucesión sin fin de elementos formales enfatiza la ausencia de tiempo, y por otro lado, convoca siempre la esencia de sus procesos y estructuras de simetrías, repeticiones y variaciones: expresa y elogia —esto es importantísimo— el concepto de unidad[296]. El arabesco "constituye una síntesis simultánea de espacio y tiempo en la que la acción de los patrones cíclicos posee una base geométrica […]"[297]. El arte y las artes decorativas —en las que el arabesco juega un papel esencial— no estaban separados en la cultura árabe, cosa que sí sucedió en el arte occidental desde el Renacimiento.[298] Es este sentido que el arabesco hay que entenderlo dentro del plano estilístico de la propia concepción del arte en el mundo árabe. Si en Occidente el arabesco señalaba cualquier forma geométrica ornamental sobre una superficie, en el mundo árabe, en cambio, este era un símbolo que representaba al mundo como concepción artística[299].

Será el arabesco de tipo musical el que configure un aspecto esencial en la obra y lenguaje de un autor fundamental como Claude Debussy (1862-1918). En su contexto histórico no hay que olvidar el enorme interés que las artes ornamentales y en concreto el arte islámico jugaron en el imaginario no solo de los artistas plásticos sino también en las llamadas artes aplicadas, en la vida cotidiana, etc., de principios del siglo XX. El arabesco pasó a estar fuertemente incorporado en numerosos rincones de la casa, en objetos, libros, papeles, en la misma publicidad, y además se hizo un elemento destacado de expresiones artísticas como el *Jugendstil* o el *Art Noveau*, o el Modernismo en España. También en la música este mundo del arabesco —junto al lado exótico de los países islámicos, los viajes, etc.— tuvo una enorme presencia en partituras, en temáticas y títulos de obras[300]. Los juegos de líneas, los ritmos y el ornamento,

---

[294] Cfr. GRAU, Cristina: *Borges y la arquitectura*, Cátedra, Madrid, 1999, pp. 65 y ss.

[295] ARDALAN y BAKHTIAR: *El sentido de la unidad…, op. cit.,* p. 107.

[296] *Idem.*

[297] *Ibid.*, p. 110.

[298] BELTING, Hans: *Florencia y Bagdad. Una historia de la mirada entre Oriente y Occidente,* Akal, Madrid, 2012, p. 35.

[299] *Ibid.*, p. 39.

[300] No solo en el caso de países como Francia, Gran Bretaña o Estados Unidos con autores de un mundo perteneciente a un cierto Romanticismo volcado hacia lo pintoresco y exótico de raigambre arábiga,

configuradores del *Jungendstil*, pasaron también a la música en el ámbito de tiempo que corrió entre 1890 y 1920. El *Jungendstil* se sitúa como un intermedio[301] entre el Impresionismo y el Expresionismo artístico. La configuración de materiales tomados como base para la arquitectura y otras formas artísticas (artes decorativas incluidas) se desplegó a través del vidrio, la porcelana, el oro, la plata, el cobre, y junto a ello en un uso recurrente de formas de animales y plantas, y una paleta muy especial de colores[302]. Este refinamiento solo podría tener una traslación al mundo de la música a través de un proceso de *transmedialidad*, acto que en el mundo del sonido obliga a movernos en un terreno de metáforas que redundan en una pura especulación basada en el trabajo de compositores como Debussy, que hicieron de este refinamiento esencia de su lenguaje musical.

La presencia de este diálogo era natural y recurrente a principios del siglo XX. Las mucho más posteriores teorías postcoloniales originarán, sin embargo, una reflexión crítica en el arte actual, especialmente cuando estas formas de diálogo se producen en forma de apropiación. Por ello ha abierto especiales cuestionamientos en todas las disciplinas artísticas, incluyendo la música. El compositor Helmut Lachenmann (1935) ha criticado este diálogo, por ejemplo, en el trabajo de otro compositor como György Ligeti (1923-2006) y ha señalado en varias ocasiones lo problemático que es para él la utilización de materiales de otras culturas como medio de expresión artística; en concreto Lachenmann ha hablado de *Kulturtourismus* (turismo cultural)[303]. Este enfrentamiento nace de la esencia de la relación o diálogo que se entable entre estéticas distintas, por ejemplo, entre el mundo occidental y el mundo exótico y distinto de la música árabe, o con la música africana subsahariana, o con otras culturas del lejano Oriente, etc. Esta forma de diálogo —todavía no se hablaba de apropiación o "colonialismo musical" a principios del siglo XX— se configuró como una marca del arte moderno. Y en este terreno se pueden abrir muchas consideraciones sobre este tipo de diálogo[304]. En música las figuras de Debussy o poco después Oliver Messiaen fueron representantes de una nueva forma de presentar esta relación.

En el caso de Debussy es interesante observar su pieza para piano *La puerta del vino* (1912-1913)[305], inspirada en una de las puertas de la Alhambra —espacio que nunca llegó a conocer en persona— y que apareció en su vida en forma de imagen exótica a través de reproducciones, postales, etc. Fue Manuel de Falla (1876-1946) quien le envió una postal con una imagen de esta puerta; Debussy respondió con una carta en

sino también en el ámbito musical. En España este interés convergió en lo llamado y definido como "alhambrismo". Compositores como Ruperto Chapí, Baltasar Saldoni, Emilio Arrieta, Jesús de Monasterio o Felipe Pedrell son, con algunas de sus obras, parte de este contexto. Cfr. SOBRINO, Ramón: *El pintoresquismo musical. El alhambrismo sinfónico*, Centro de Documentación Musical de Andalucía, Sevilla, 1993.

[301] HOLLANDER, Hans: *Musik und Jugendstil*, Atlantis, Zúrich y Friburgo, 1975, p. 37.

[302] *Ibid.*, p. 40.

[303] Cfr. LACHENMANN, Helmut: "Helmut Lachenmann im Gespräch mit Robert Kudielka. Autonomie als Anspruch. Zum Kunstbegriff in Musik und bildender Kunst", en KUDIELKA, Robert y LAMMERT, Angela (eds.): *Grenzenlos Kunst?*, Akademie der Künste/Verlag Kettler, Berlín/Dortmund, 2016, p. 129.

[304] Cfr. SÁNCHEZ-VERDÚ, José María: *Oriente y la música occidental*, Fundación Juan March, Madrid, 1998.

[305] *La puerta del vino* forma parte del Libro II de *Préludes* para piano.

la que agradecía al músico español este envío y le trasmitía su amor por estas bellas imágenes de un país que amaba mucho, España[306]. Otra obra como *Ibéria* (1905-1908), del ciclo *Images pour orchestre* (1905-1912), también es ejemplo del imaginario español en la inspiración musical de Debussy.

El mundo de las imágenes es esencial en el pensamiento de Debussy como compositor. Las referencias a imágenes en su obra son constantes, y revelan cuánto de visual hay en su inspiración al acometer muchos de sus trabajos. Títulos como *Estampes* (1803), *Images* (para piano, 1905-1907), sus *Préludes* para piano (1909-1912) y especialmente sus grandes trabajos orquestales como el *Prélude à l'après-midi d'un faune* (1894), *La mer* (2003-2005) o las citadas *Images pour orchestre* son muestras de este interés por las imágenes como elementos de inspiración y como metáforas de un trabajo en el que la ornamentación juega un papel sonoro similar al del mundo visual. Esta atracción por lo ornamental, en especial por el arabesco, puede ser rastreada ya en obras mucho más tempranas como *La damoiselle élue* (1887-88) y en numerosas canciones. Los materiales dejan una impresión clara a través de la evocación de elementos como el agua, la lluvia, el viento y otros que en el material musical despliegan nuevas formas de articulación de las líneas melódicas, de los colores armónicos, de los ritmos y de los motivos recurrentes en forma de arabescos. En el material musical de la citada pieza para piano *La puerta del vino* las líneas melódicas se contornean en viajes de ida y vuelta, en ondulantes trazos que ornamentan melódicamente el ritmo de habanera que lleva la mano izquierda. El uso de elementos repetitivos, de sinuosas líneas melódicas que se reiteran y reexponen como patrones, hacen que el carácter ornamental del material musical en la escucha tome un papel muy destacado.

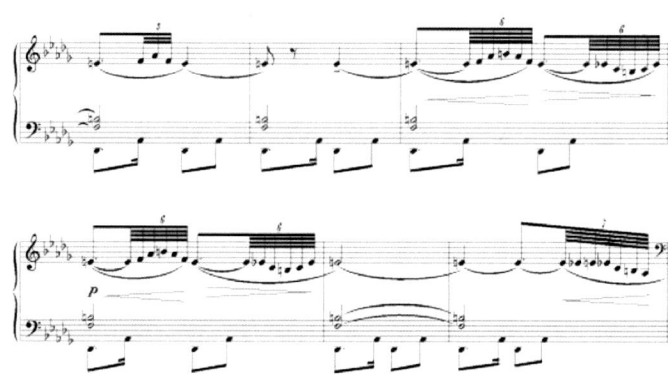

Figura 20. Claude Debussy. *La puerta del vino.*
II Libro de *Préludes.*

Esta dimensión del arabesco en la música de Debussy es esencial ya en una obra anterior para orquesta de enorme importancia, no solo en la música del compositor francés, sino en la historia de la música del siglo XX, que para muchos autores consti-

---

[306] GOUBAULT, Christian: *Claude Debussy, la musique à vif,* Minerve, Clamecy, 2002, p. 9.

tuye su inicio. Es el *Prélude à l'après-midi d'un faune* (1894). Esta pieza está inspirada en un poema del mismo título de Stéphane Mallarmé (1842-1898). La obra inicialmente era parte de un tríptico sobre el citado poema de este poeta, pero Debussy no llegó a completar las tres partes, quedando solo el preludio como obra autónoma. El *Prélude* se estrenó el 22 de diciembre de 1894 en la Société National de la Musique, en la Salle d'Harcourt de París, bajo la dirección de Gustave Doret. El divino arabesco debussiano se configura como una línea descendente y precipitada, que con frecuencia se despliega y contornea "como un emblema de aquella lenta cadencia astronómica y macrocósmica que se expresa en el pathos del otoño"[307]. Jankélévitch distingue y confronta el arabesco de Fauré, "que toma el vuelo de las nubes a través de la ascensión y sublimación de lo sensible", con el de Debussy, que, *sensu contrario*, "inmovilizado por las aguas inferiores, desciende de su empíreo removiéndose en las profundidades mortales de la codicia y de la inexistencia"[308]. La música de Debussy con mucha frecuencia crea superficies en las que las figuras musicales (motivos, líneas) se diluyen a través de imágenes de espejos borrosos. Reflejos, duplicaciones y repeticiones se disuelven en una superficie especular. El juego de repeticiones tiene lugar tanto en un plano diacrónico como sincrónico. En el plano diacrónico Debussy hace uso de la repetición continua de células y materiales, en un devenir de refinada artesanía que crea una superficie liviana de orgánicos elementos musicales. Con muchísima frecuencia, y esto es paradigmático en este autor, repite un mismo material temático dos veces de forma consecutiva, casi como si sus propuestas sonoras nacieran duplicadas en su eco, o en un espejo o *fatamorgana* en el que las figuras están repetidas varias veces. En otras ocasiones, como en el *Prélude à l'après-midi d'un faune*, el motivo en forma de arabesco es presentado con continuas y oscilantes variaciones durante la obra. La suspensión del tiempo se acaricia en muchos momentos. Desde el punto de vista de lo sincrónico, Debussy es el maestro de las superposiciones armónicas (en acordes de séptimas y novenas especialmente), de la creación de espacios sonoros virtuales que abren la percepción a superficies especulares y a juegos continuos de registros, ecos y sombras. Los paralelismos y las sucesiones verticales de disonancias crean planos superpuestos (a través de varias regiones y tonalidades) que abren la escucha a un mundo de espejos de instantaneidad en sus reflejos y producción de imágenes reflejadas. En su música apreciamos deformaciones en espejo de capas sonoras que se distribuyen por los registros del piano o de la orquesta. El agua, en este terreno, es un mundo determinante para la poética debussiana. Todos estos mundos sonoros parecen estar sumergidos en la resonancia de un silencio sonoro, de un rumor de sombras y profundidades desde las que sobresalen los sonidos de Debussy. Es un silencio resonante, inframusical, que invade las obras de este compositor[309]. Las imágenes y los espejos devienen metáforas continuas que definen la esencia de su música.

En el *Prélude à l'après-midi d'un faune* contrasta de manera magistral el papel de determinados solistas con el resto de la orquesta, y, además, presenta y desarrolla estu-

---

[307] JANKÉLÉVITCH, Vladimir: *Debussy e il mistero*, Éditions de la Baconnière, Neuchâtel, 2012, p. 76.
[308] *Ibid.*, p. 88.
[309] *Ibid.*, pp. 109 y ss.

pendamente la perspectiva de un relieve con unos materiales musicales en un primer plano y otros en un segundo. Como en un trabajo de figuras y fondo. Pero ambas dimensiones están empapadas por una dimensión nueva y muy original: el material musical melódico está absolutamente tamizado por una exposición enormemente ornamental: repeticiones, giros ondulantes, reiteración de diseños rítmicos, etc., determinan su esencia. La flauta que inicia la obra (con un tema que será presentado siempre con diversas variaciones por parte no solo de ella misma sino de otros instrumentos) es un ejemplo destacado de este grado de ornamentación, de fragmentación y de variación continua. La melodía despliega un movimiento ondulante de ida y vuelta sobre determinados ejes, como la caligrafía islámica al mantener los ejes y proporciones de la primera letra del alifato, ﺍﻟﻒ, 'alif; el Do sostenido inicial de este *Prélude*... crea un eje sobre el que la melodía, como en la superficie del agua de un estanque, se refleja...

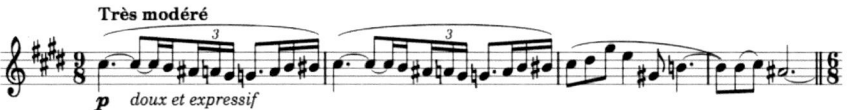

Figura 21. Claude Debussy. *Prélude à l'après-midi d'un faune.*
Inicio de la flauta.

El citado arabesco, como esencia de este trabajo musical, se inscribe claramente en el citado ámbito del *Art Noveau*, en el interés por las líneas onduladas, las volutas, los juegos de simetría, las circunvoluciones de los diseños, los pliegues ornamentales, etc. El título de una obra anterior de Debussy ya refleja de forma expresa este interés: me refiero a los dos *Arabesques* para piano solo, de 1888. Este amor por lo horizontal y por los entrelazamientos de líneas y contornos se ha adscrito a cierta influencia de la obra de polifonistas como Palestrina, Victoria o Lasso en el pensamiento artístico de Debussy[310]. Pero en realidad, el trabajo de Debussy lo que crea más específicamente son imágenes sonoras de distinta inspiración que despliegan, en este ámbito de la ornamentación, formas caleidoscópicas tanto de motivos como de timbres, articulando entrelazados de potencia enorme en este terreno de la superficie sonora. La música posee una consideración con frecuencia ornamental, especialmente en el ámbito de sus líneas melódicas: Gillo Dorfles ha señalado que "cada elemento vinculado al destacarse de una línea melódica puede ser entendido como ornamental (a diferencia de la armonía que no tiene nunca este aspecto)"[311]. Esto no lo considero acertado: como ya fue el caso de Arnorld Schönberg, la armonía también puede constituirse en un elemento ornamental y como base para otros objetivos estéticos. En el movimiento "Farben" de sus *Cinco piezas para orquesta* de 1909, Schönberg paraliza la percepción del parámetro armónico para, a partir de esta dimensión ornamental, destacar otros parámetros como el timbre y hacer de él la base para una composición musical. De

[310] GOUBAULT, Christian: *Claude Debussy...*, p. 100.
[311] DORFLES, Gillo: *Elogio della disarmonia. Arte e vita tra logico e mitico*, Skira, Milán, 2009, p. 145.

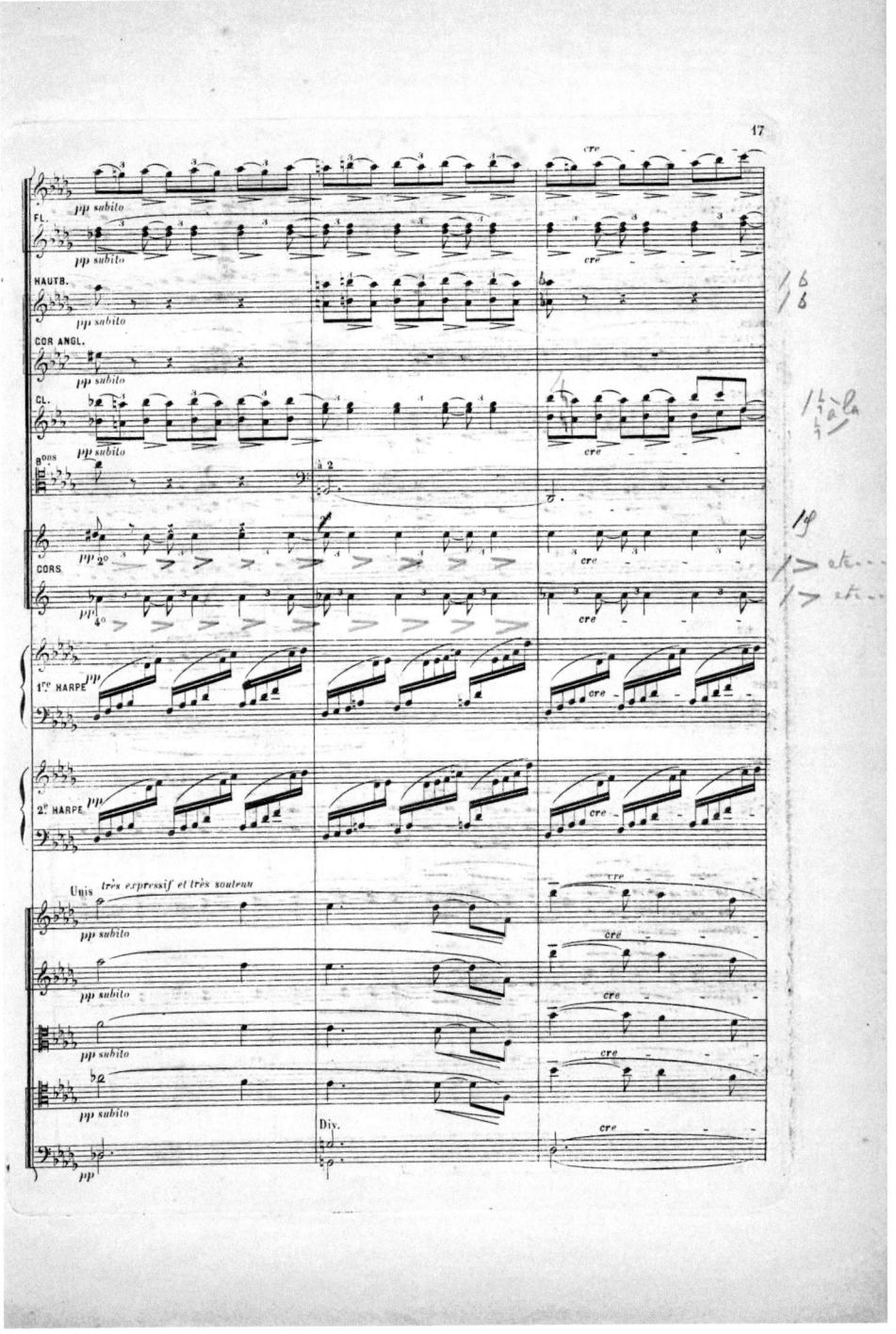

Figura 22. E. Fromont, París, n.d. [1895].
Segunda prueba de la primera edición con anotaciones
del propio Debussy

"Farben" a *Coptic light*, de Morton Feldman (1926-1987) —que citaré más adelante—hay un salto mínimo y meramente sutil.

En la paleta orquestal del *Prélude* Debussy insufló también este aspecto ornamental mediante la superposición de diferentes patrones rítmica y melódicamente reconocibles que son expuestos en el ámbito de la orquestación. En la percepción se produce una conjunción de líneas y verticalidades claras, con un resultado estadístico que arroja una superficie muy rica y algo estática que redunda en la creación de una superficie sonora muy transparente, en una imagen sonora muy ornamental que posibilita la percepción de otros elementos superpuestos que adquieren un papel protagonista perceptible en un primer plano. La melodía en octavas de los violines I, II, violas y violonchelos (en el culmen de toda la obra —a partir del compás 63—, expuesta como en un proceso de acumulación de energía, y complejidad) contrasta con la superficie ornamental que desarrolla el resto de la orquesta. Los cambios de armonías no dejan de ofrecer cambios en el color armónico bajo el despliegue lineal y modal de la melodía citada, apoyándola y definiendo diferentes márgenes acórdicos. La percepción y el relieve en varias dimensiones de este material musical no deja de hacer surgir asociaciones con el espacio en la arquitectura. Steven Holl ha señalado que el "solapamiento entre un primer plano, plano medio y visión lejana constituyen un punto crítico en la creación del espacio arquitectónico"[312]. La escucha espacial y arquitectónica de la música de Debussy no deja de ser una auténtica forma de interrelacionar formas perceptivas y disciplinas artísticas diversas con sus múltiples interrelaciones.

En la música posterior a la II Guerra Mundial hay que citar claramente otros ejemplos musicales que forman parte de ese grupo de corrientes y tendencias que privilegian el aspecto de la superficie de la obra como elemento de primer rango. No solo formas cercanas al arabesco, sino también estructuras repetitivas, alambicados diseños rítmicos, etc., son evidentes en la obra de compositores como Pierre Boulez, Franco Donatoni, Morton Feldman, Salvatore Sciarrino o Beat Furrer, por citar varios ejemplos. A ellos sumaría la obra del compositor español Carmelo Bernaola, enormemente destacada en sus últimos años en cuanto a esta elaboración del material musical basado en el carácter ornamental y en la repetición. En esta constelación se situaría también el interés primordial de muchas obras del autor de estas líneas: estructuras y procesos musicales que llevan a un primer lugar de la percepción la confrontación con superficies metafóricas (caligrafía, escritura, artes plásticas, etc.) que apuntan a una realización casi en dos dimensiones del material musical en un plano perceptivo, e incluso, a veces, emulando una polifonía en tres dimensiones como esencia del trabajo que se presenta. Sobre esto hablaré al final de este texto.

Toda la elaboración de la superficie a partir de la geometría, la perspectiva, las paradojas visuales, la ornamentación, la superposición de colores en procesos y estructuras, etc., ha encontrado no solo una prolongación en la obra pictórica de autores de diverso tipo, como los citados Klee o Palazuelo, sino que se ha ido enriqueciendo a través de numerosos estudios y descubrimientos sobre elementos de la naturaleza. Las formas del mundo exterior, de la propia naturaleza, se hallan delimitadas por superfi-

---

[312] HOLL, Steven: *Cuestiones de percepción. Fenomenología de la arquitectura*, GG, Barcelona, 2011, p. 15.

cies. Las propiedades de la superficie se expanden a través de la riqueza propia de los materiales que la constituyen, de su configuración espacial y ornamental, y de los efectos combinados que nacen de los materiales nobles (mármol, hierro, alabastro, etc.)[313]. Este mundo de la superficie ha inspirado con frecuencia también al artista, como ya hemos apuntado. La naturaleza comparte, por tanto, estructuras, diseños y procesos muy similares a los ideados por la mente humana, especialmente en el terreno del arte.

En este sentido la primera referencia a la que se puede hacer alusión y que no deja de ser única es la propia ornamentación de las superficies en el reino animal. Las estrategias miméticas en peces, anfibios, insectos, etc., son un ejemplo deslumbrante de cómo la naturaleza recurre a la adaptación de las superficies de estos seres vivos para finalidades diversas, como muy bien ha estudiado Roger Caillois en varias de sus obras[314]. Sea como técnica de enmascaramiento, de travestimiento o de intimidación, la genética y el entorno de estos seres vivos privilegian la superficie de sus cuerpos a través de colores, estructuras geométricas, ilusiones ópticas, etc., para finalidades concretas. La naturaleza presenta aspectos ornamentales para cumplir distintas funciones vitales. Estas formas ornamentales, decorativas, poseen un valor mitopoético[315].

Otra referencia destacada en la naturaleza es el mundo de los cristales. La naturaleza sabe articular el espacio a través de la geometría. En este sentido cabe recordar las palabras de Paul Klee cuando decía que "el diálogo con la naturaleza sigue siendo para el artista condición *sine qua non*"[316]. El propio artista islámico, por otro lado, y como se ha apuntado antes, enriquece sus superficies con contenidos no solo ornamentales, sino también semánticos (a través de la caligrafía) y teológicos (a través de la simbología: la línea infinita que cruza y recorre toda una superficie, abriéndose en rosas estilizadas y geometrizadas, no es más que un símbolo de la *unidad* y *eternidad* de Alá). Los modelos de diseños para ornamentar una superficie revelan una aguda conciencia de la morfología del diseño en el arte árabe; el uso especialmente limitado y contenido de estos diseños a través de materiales concretos y técnicas determinadas hace converger todo en esencia en un principio de unidad como base para su expansión[317]. La semejanza con la naturaleza no deja de estar sorprendentemente cerca. Klee ha observado y aprendido de este arte islámico, de todas sus profundidades y ramificaciones internas, de sus contenidos y finalidades:

> La sola vía óptica ya no responde enteramente a las necesidades de hoy, del mismo modo que ella sola no satisfacía las de anteayer. El artista, hoy por hoy, es mejor en sutileza que un aparato fotográfico, posee mayor complejidad, mayor riqueza, y dispone de mayor libertad[318].

Desde hace pocos años ha sido de enorme interés el estudio de una tipología de cristales en la naturaleza que han sido denominados *cuasicristales*. Estos eran ini-

---

[313] Cfr. Ardalan y Bakhtiar, *op. cit.,* p. 87.
[314] Cfr. Caillois, Roger: *Il mimetismo animale*, Medusa, Milán, 2017.
[315] Cfr. Dorfles, Gillo, *op. cit.,* pp.139 y ss.
[316] Klee, Paul: *Teoría del arte moderno*, Cactus, Buenos Aires, 2007, p. 43.
[317] Cfr. Ardalan y Bakhtiar, *op. cit.,* p. 99.
[318] Klee, Paul: *Teoría del arte moderno, op. cit.,* p. 44.

maginables anteriormente al ser estructuras formales regulares, pero no periódicas. Uno de los últimos premios Nobel de Física (en 2011) fue concedido al físico israelí Daniel Shechtman (1941) por todas sus aportaciones e investigaciones en el campo de estos *cuasicristales*. Lo que ha destacado en su trabajo como conclusión es que algunos materiales —contra todo pronóstico— están ordenados "casi" periódicamente. Su estructura cristalina no es periódica, es decir, no se pueden crear mediante la repetición de una celda-unidad. Este universo reciente de los *cuasicristales* ha empezado a tener una importante aplicación en determinados terrenos de la industria, y puede ser vinculado de una manera muy directa con el trabajo de los artistas árabes al trazar y rellenar espacios a través de los alicatados o los mosaicos y plantear también aspectos de irregularidad dentro de la regularidad[319].

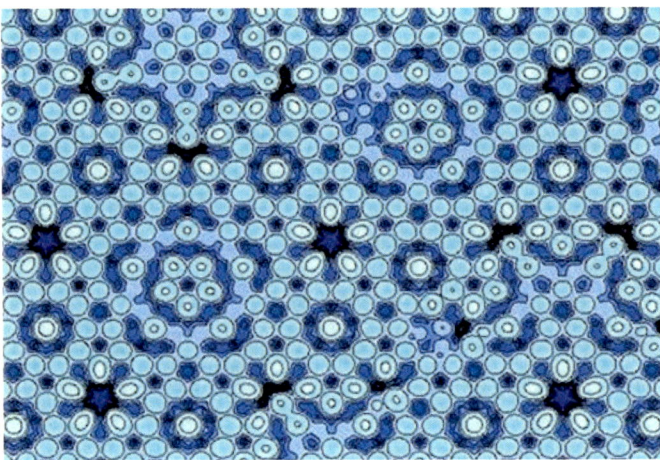

Figura 23. Ejemplo de una estructura de *cuasicristales*.
Modelo atómico de un cuasicristal de aleación plata-aluminio.
Laboratorio AMES, Departamento de Energía de los Estados Unidos.

En este punto es relevante al menos citar un tema importante y muy estudiado en la naturaleza y en el arte: los fractales. El imprescindible libro de Mandelbrot[320], de 1977, enriqueció todo un campo de estudio sobre estos fractales y sus propiedades, que en esencia siguen jugando con ideas como la repetición, la superficie, la geometría, la imagen, las relaciones, proporciones y ramificaciones, etc. Y es que la geometría en la naturaleza nace de la repetición permanente de procesos similares. La semejanza entre

[319] Es interesante aquí señalar concisamente —llevando la visión a otro terreno paralelo, no al del espacio sino al del tiempo— el trabajo de varios físicos que están elaborando actualmente teorías y estudios sobre la formación posible de *cristales de tiempo*. Estas estructuras serían aplicadas al tiempo. Frank Wilczek, premio Nobel de Física, propuso su formulación en 2012. Un cristal de tiempo debería ser capaz simultáneamente de preservar su estabilidad y cambiar su estructura cristalina de forma periódica. Como consecuencia, si observáramos el cristal de tiempo en distintos instantes, podríamos comprobar que su estructura no es siempre la misma. Este campo es objeto actual de estudio y cierto escepticismo sobre su posibilidad de existencia parece presidir aún en el terreno de la física.
[320] Mandelbrot, Benoît: *La geometría fractal de la naturaleza*, Tusquets, Barcelona, 1997.

lo grande y lo pequeño, la autosimilitud, las repeticiones de estructuras en diferentes escalas, etc., son territorios para el desarrollo de los fractales. La relación entre las artes y la naturaleza ha sido estudiada en muchas perspectivas, pero una de ellas es la de la estética de sus proporciones, como muy bien planteó Matila C. Ghyka[321]. Muchos de estos y otros terrenos han sido inspiración y base para el desarrollo de procesos de creación artísticos, por ejemplo en la música. El trabajo de compositores como Iannis Xenakis (1922-2001) o, en España, Francisco Guerrero (1951-1997) es prototípico de este estudio sobre la naturaleza y en especial, por ejemplo, sobre los citados fractales.

De forma paralela a todos estos temas tratados señalados —caligrafía, geometría, alicatados, lacerías, la mímesis en el mundo animal, cristales y *cuasicristales*, fractales, etc.— es pertinente señalar aquí otro terreno paralelo: el de la confección de alfombras tradicionales en algunas zonas del Magreb, Anatolia, Irán, Iraq, Paquistán, China, etc. Se trataría solo y exclusivamente de las alfombras de elaboración artesanal, y no las sintéticas o realizadas a través de procesos mecánicos. Es en la confluencia entre el artesanado y la utilización de determinados materiales naturales para su confección donde surgen en relación al tema de la repetición y la variación aspectos de enorme interés. Se produce, además, una vinculación especial entre la naturaleza y la realización artística y artesanal.

En las alfombras tradicionales la superficie es articulada también a partir de la geometría y la repetición. Y esta superficie viene conformada por los límites de la propia alfombra. El arte de las alfombras está expandido por diversas regiones del mundo con particularidades técnicas, culturales y simbólicas diferentes. Destacan especialmente el Magreb (con Túnez como histórico centro de confección), Turquía (especialmente la Anatolia), el mundo asiático de Irán, Iraq, etc., y más al este la India, Paquistán y China. Como base del uso de la geometría en este terreno se han destacado dos tipologías: la de las alfombras —más antiguas— que han basado su ornamentación en la repetición e intercambio de uno o más patrones geométricos, y la de las alfombras que desde el siglo XVI, procedentes especialmente de Persia, han desarrollado motivos abstractos y geométricos centrados en elementos vegetales[322] El repertorio de figuras y patrones sometidas a procesos de repetición es extenso: flores, siluetas de árboles, vasos y copas, elementos de jardines, patrones basados en pájaros y otros animales, medallones, etc[323]. Procesos similares de variación, repetición, intercambios, etc., son los que también se realizan con las figuras de tipo abstracto. Con todo se debe reseñar que a partir del siglo XV muchas de las tradiciones de elaboración de alfombras comenzaron a recibir influencias de otras formas de ornamentación venidas del mundo de los libros, especialmente de las iluminaciones de manuscritos, y a veces también de la decoración arquitectónica[324].

El espacio de la alfombra —como las paredes de un palacio islámico— es el marco para la ornamentación, y se construye a través de estructuras basadas en la simetría,

---

[321] Cfr. GHYKA, Matila C.: *Estética de las proporciones en la naturaleza y en las artes*, Poseidón, Barcelona, 1983.

[322] Véase especialmente FORD, P. R. J.: *Der Orientteppich und seine Muster. Die Bestimmung orientalischer Knüpfteppiche anhand ihrer Muster, Symbole und Qualitätsmerkmale*, Bechtermünz Verlag, Augsburgo, 1996, p. 170.

[323] Cfr. FORD: *op. cit.* pp. 51 y ss.

[324] DENNY, Walter B.: *How to read islamic carpets*, The Metropolitan Museum of Art / Yale University Press, Nueva York, New Haven y Londres, 2015, p. 58.

la articulación de formas, los contrastes de colores y el elemento de la repetición. En su desarrollo cumple un papel importante en ocasiones el terreno simbólico: algunas referencias de este tipo añaden otra profundidad a la propia superficie de las alfombras. A veces son elementos concretos de una cultura o una religión (animales, vegetales, flores, etc., de especial importancia), a veces son incluso textos[325]. Aparte del propio diseño de la ornamentación hay otro elemento de importancia esencial en las alfombras: el color. Con él también se pueden operar determinadas formas de ornamentar la superficie en juego. Y más allá de ello, este aspecto del color ofrece otra consecuencia que se verá enseguida. El color de las alfombras artesanales, históricamente, va a depender especialmente de los siguientes elementos: 1) colorantes o tintes, 2) lana o material que va a ser tintado, 3) tipo de lavado que se va a realizar, y 4) antigüedad y estado de conservación[326]. El mundo de las alfombras tiene una presencia muy importante en el Islam. Y en este sentido puede ser vinculado al mundo de los espejos, especialmente en el sufismo. La magia de una "alfombra-espejo" es la que presenta en un relato el maestro sufí Shûshtarî (en su *Libro de viajes*, de 1236/1820) cuando ofrece la imagen de una alfombra que al mismo tiempo es un gran espejo que permite ver de forma reflejada e invertida en su superficie la cúpula y las inscripciones de la bóveda[327].

Dentro del juego con la simetría, con los espejos y con la regularidad destaca de nuevo un tema muy interesante —presente también en el citado campo de los *cuasicristales*—: la irregularidad dentro de la regularidad. En el caso de las alfombras tradicionales este aspecto ha sido definido con el término *abrash*. Se habla de *abrash* cuando, debido a un cambio del tintado natural o del material con el que se ha realizado una alfombra (siempre desde la realización artesanal y no mecánica o industrial), se produce una variación no prevista, azarosa e irregular del color: la gradación de este se cambia en determinados espacios de la superficie. Ello puede nacer de la exposición al sol del material, del cambio de la coloración del tinte por motivos naturales o de la variación de otros parámetros que afecten a la lana.

Señalemos en este punto un concepto que, frente al de simetría y proporción de la tradición, puede poseer un valor estimable y hasta fundamental: la asimetría. La simetría ha sido y es una expresión de igualdad entre cosas, y contiene en su interior "el más básico de los conceptos matemáticos: el de equivalencia"[328]. La simetría se encuentra de mil maneras en la naturaleza, y es también un elemento importantísimo en la arquitectura, en el arte, en la música, en la danza, etc. En la arquitectura encontró un fondo conceptual esencial, históricamente, para su estudio[329]. La simetría es la invariancia de un objeto o un sistema frente a una transformación. El ya citado Gilles Deleuze destacó el carácter de dualidad de la simetría, y distinguió entre una simetría aritmética (por escala de cocientes enteros o fraccionarios) y una simetría geométrica (de proporciones irracionales); o

---

[325] Cfr. THOMPSON, Jon: *Orientteppiche aus den Zelten, Häusern und Werkstätten Asiens*, Busse Seewald, Herford, 1990, pp. 155 y ss.

[326] FORD: *op. cit.,* pp. 23 y ss.

[327] Cfr. GONZALO CARBÓ, Antoni: "La «alfombra-espejo» o el símil sufí del espejo en la arquitectura persa", disponible online en www.ibnarabisociety.es [Última consulta: 11/11/2023].

[328] LEDERMAN, Leon M. y HILL, Christopher T.: *La simetría y la belleza del universo*, Tusquets, Barcelona, 2014, pp. 14-15.

[329] El *De architectura* de Vitruvio es un buen ejemplo de esto.

también entre una simetría estática (cúbica o hexagonal) y una simetría dinámica (tipo pentagonal, cuya proyección es la espiral)[330]. Sin embargo, la asimetría es otra particular manera de romper desde la naturaleza o desde la creación humana las reglas de lo que se considera simetría. La simetría, a veces, podría ser un obstáculo para permitir espacios de evolución y de cambios hacia terrenos más flexibles e interesantes[331]. Es curioso, como señala Caillois, que sean los seres vivos más inferiores los que presenten las mayores formas de simetría, cercanos al cristal equipolente. Al ascender por la escala evolutiva de los seres vivos en la naturaleza advertimos una liberación paulatina frente a estas formas de simetría primigenias. Poco a poco encontramos formas de vida (crustáceos, etc.) que presentan destacadas formas de asimetría. Llegando al ser humano encontramos múltiples consideraciones sobre la asimetría en terrenos biológicos e incluso sociales y culturales: por ejemplo, en cuanto a sus órganos vitales (el corazón a la izquierda) o a la destreza (el brazo derecho es el de la lanza, el izquierdo el del escudo)[332]. Como ha señalado en la arquitectura Pallasmaa, "la búsqueda de la perfección tiene que ser equilibrada por rastros de imperfección"[333]. Finalmente podemos observar con Yuk Hui que un sistema estará en mejores condiciones de desenvolverse frente a la contingencia "en cuanto no tenga reglas predefinidas y en cambio permita que estas emerjan de su confrontación con la contingencia y la irregularidad"[334].

La simetría pentagonal de la madreselva, la forma hexagonal de los panales de abejas o las formas radiales de flores como la margarita son prototipos de simetrías. La simetría puede ser un lenguaje de comunicación entre seres vivos dentro de la naturaleza: la abeja y la flor encuentran en esta simetría un canal de comunicación: cuanto mejores sean las formas de simetría mayores serán las posibilidades de polinización. Por tanto, la simetría puede ser una ventaja en la carrera evolutiva[335]. La simetría especular ofrece mejores resultados también para el movimiento motriz, el equilibrio y la posibilidad de tener mayor efectividad en la propulsión (con dos o cuatro patas, por ejemplo)[336].

Sin embargo, la asimetría puede jugar un papel importantísimo también, y está presente de manera clara en la naturaleza. Esa ruptura de simetrías aparece en innumerables ocasiones[337]. En el pensamiento humano la asimetría juega también un papel relevante. Algunos presupuestos de la estética japonesa —por ejemplo, en la arquitectura, en el interior de la casa tradicional, etc.— dejan elementos incompletos y asimétricos de forma voluntaria: alcanzar la perfección puede enojar a Dios[338]. Parámetros similares encontramos también en el judaísmo y su voluntad de crear lo asimétrico o el error como manera de no lograr la plenitud o perfección en algo; solo Yaveh es capaz de articular la perfección, y esta se entiende también en el plano de la simetría. Por eso

---

[330] Texto de Deleuze. Publicado en FOUCAULT, Michel y DELEUZE, Gilles: *Theatrum Philosophicum seguido de Repetición y diferencia*, Anagrama, Barcelona, 1999, pp. 90-91.

[331] CAILLOIS, Roger: *La disimetría…*, p. 33.

[332] *Ibid.*, p. 39.

[333] PALLASMAA, Juhani: *Tocando el mundo*, Ediciones Asimétricas, Madrid, 2019, p. 47.

[334] HUI, Yuk: *Recursividad y contingencia*, Caja negra, Buenos Aires, 2022, p. 66.

[335] Cfr. DU SAUTOY, Marcus: *Simetría. Un viaje por los patrones de la naturaleza*, Acantilado, Barcelona, 2009, p. 21.

[336] *Ibid.*, p. 23.

[337] Cfr. LEDERMAN, Leon M. y HILL, Christopher T.: *op. cit.*, 2014, pp. 218 y ss.

[338] DU SAUTOY, *op. cit.*, p. 156.

la arquitectura japonesa, o la decoración de una sinagoga, con frecuencia, dejan algún elemento sin terminar, o incorporan un elemento consciente portador de irregularidad o imperfección. El mundo japonés, además, ha articulado un amor especial por las sombras, por lo incompleto, lo roto y reconstruido (como es la técnica centenaria del *Kintsugi*)[339]. Por todo esto también los artesanos de las alfombras —y los coleccionistas— buscan estas irregularidades como objetivo estético. En el arte, en la arquitectura y en la naturaleza estos dos conceptos van de la mano de una forma enormemente productiva[340]. La asimetría y la irregularidad, por tanto, juegan un papel estético y espiritual muy destacado en todos estos planos señalados.

La simetría ha encontrado siempre en la música un terreno de desarrollo de primer orden. Las líneas del fraseo, las estructuras rítmicas y las articulaciones de la forma, etc., son especialmente recurrentes. Johann Sebastian Bach, a mediados del siglo XVIII, legó un impresionante monumento musical en el que la simetría es fundamental: las *Variaciones Goldberg*. Cada una de estas variaciones presenta 32 compases que se repiten. El primer movimiento (*Quodlibet*) se repite como en un círculo al final. A través del uso del canon y otras técnicas contrapuntísticas, Bach crea 30 variaciones articuladas en 10 grupos de tres: el tercer movimiento de cada grupo de tres es un canon. En este sentido la vinculación entre la creación musical y la simetría ha sido siempre fundamental. No en vano en el pensamiento escolástico y en el estudio de la música desde la Edad Media, la música iba unida a las matemáticas, la aritmética, la geometría y la astronomía. La música era el número. Desde Pitágoras hasta Boecio, e incluso hasta el siglo XV, esta perspectiva basada en el número y en la simetría era esencial. En los terrenos de las matemáticas o de la representación de figuras geométricas y de paradojas visuales esta vinculación entre música y matemáticas encontró un punto muy destacado en un destacado libro de Douglas R. Hofstadter[341]. El concepto de "falta de simetría", para Gille Deleuze, designa el origen y la positividad de un proceso causal[342]. Este concepto de falta de simetría no tiene, por tanto y en absoluto —y tras todo lo señalado en estas líneas— un valor negativo.

El compositor Morton Feldman demostró en los últimos años de su producción musical una íntima e impresionante vinculación con estos procesos de ornamentación a través de la repetición, la simetría y la posibilidad de la irregularidad, el citado *abrash*, pero ahora aplicado a la música. La obra de Feldman se caracterizó por el uso de la técnica de la variación destacando el interés por moverse en los márgenes de las categorías de la igualdad, la similitud y la diferencia. Su obra *Why patterns?* (para flauta, glockenspiel y piano, de 1978), por ejemplo, nació inspirada directamente por las alfombras

---

[339] Véase, en este sentido, el fundamental ensayo *El elogio de la sombra*, de Jun'ichirō Tanizaki (1886-1965), sobre la casa y la cultura japonesa. En él se hace una profunda descripción y reflexión sobre múltiples aspectos de esta cultura en relación al uso de los espacios, la luz, las sombras, etc. Por comparativa se pueden inferir múltiples diferenciaciones en relación al mundo occidental. Cfr. TANIZAKI, Junichiro: *El elogio de la sombra*, Siruela, Madrid, 2000.

[340] Cfr. DE PRADA, Manuel: *Arte y naturaleza. El sentido de la irregularidad en el arte y en la arquitectura*, Nobuko, Buenos Aires, 2009.

[341] HOFSTADTER, Douglas R.: *Gödel, Escher, Bach. Un eterno y grácil bucle*, Tusquets, Barcelona, 1992.

[342] FOUCAULT, Michel y DELEUZE, Gilles: *Theatrum Philosophicum seguido de Repetición y diferencia*, *op. cit*, p. 90.

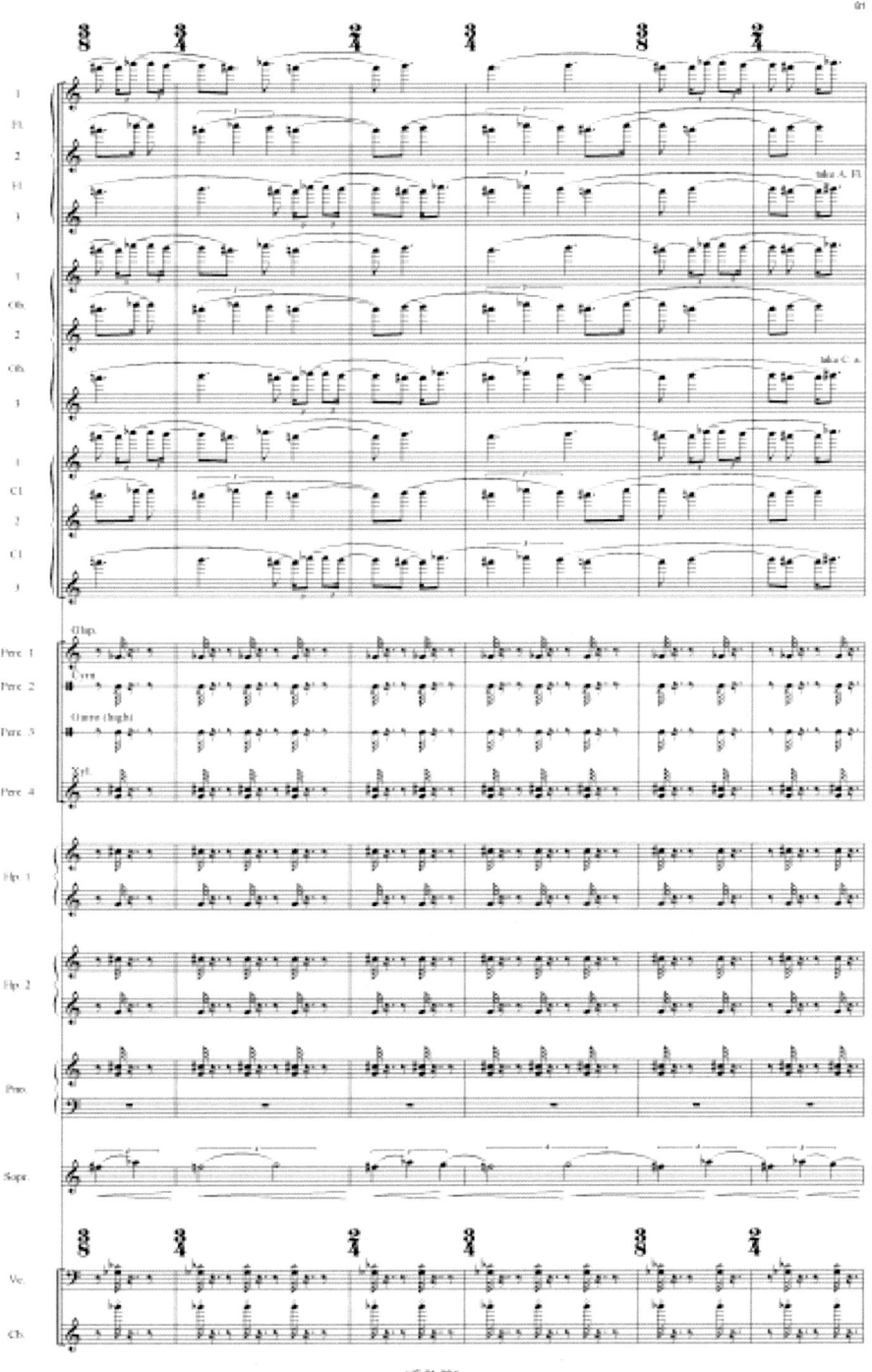

Figura 24. Morton Feldman. *Neither* **(1977).**
Página 41 de la partitura.
© Universal Edition (Viena).

orientales[343]. Feldman desarrolla y concatena sus materiales musicales como si fuera un auténtico artesano de alfombras. Los marcos varían evidentemente, pero Feldman lo que consigue es una nueva percepción del tiempo mediante esta manipulación y control de la superficie del material en la obra musical. Feldman parece inventar nuevas temporalidades a partir de un trabajo enormemente ornamental. Un ejemplo como el siguiente, tomado de su obra *Neither* (ópera en un acto para soprano y orquesta, sobre texto de Samuel Beckett, de 1977) da cuenta de este interés por las repeticiones y por el desarrollo de texturas en las que el mundo de la ornamentación sobre la superficie de las alfombras aparece claramente como referencia. Feldman poseía, además, una estimable colección de alfombras. Su interés iba más allá de la composición musical. Otra obra paradigmática, que debe por fuerza ser citada en este sentido, es *Coptic light*, para orquesta (1986).

El ejemplo que sigue, a modo de comparación plástica, pertenece a la colección del Museo de Arte Islámico de Berlín. Es una alfombra turca de principios del siglo XVI. En ella se pueden percibir todos los elementos hasta ahora reseñados sobre geometría, simetría y ornamentación en este tipo marcos y superficies. Junto a ello el *abrash* interviene en la irregularidad dentro de la regularidad de la estructura prefijada.

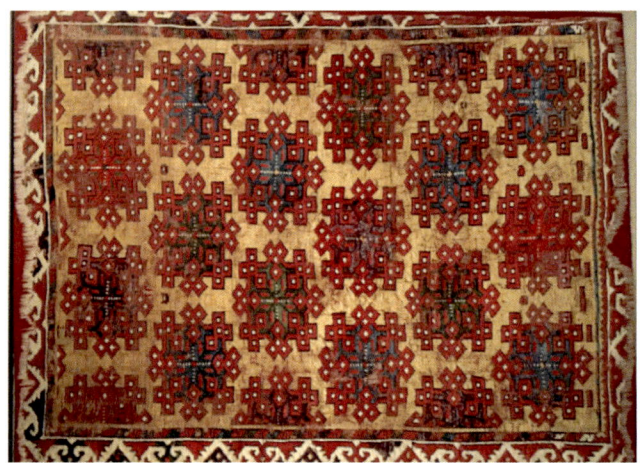

Figura 25. Alfombra turca, c. 1500.
Museum für Islamische Kunst, Berlín.
Fotografía del autor.

El estudio de las superficies en dos dimensiones de las alfombras encontró ya una especial reflexión en autores de finales del siglo XIX como el citado Alois Riegl. En su libro *Altorientalische Teppiche* (1891) planteó un estudio histórico y técnico sobre diferentes procesos de manufactura artesanal de las alfombras. La técnica de las alfombras de tela de tapiz y de las alfombras de nudos son estudiadas junto a otros ejemplos significativos y particulares de esta forma de artesanía[344].

---

[343] CLAREN, Sebastian: *Neither. Die Musik Morton Feldmans*, Wolke, Hofheim, 1996, p. 230. Sobre el concepto de *abrash* véanse, en concreto, las páginas 212-229.
[344] Cfr. RIEGL, Alois: *Altorientalische Teppiche*, T.O. Weigel, Leipzig, 1891.

La vinculación del arte de las alfombras con el arte actual es significativa y posee muy destacadas confluencias. El carácter no-relacional de muchas superficies en el arte del siglo XX encuentra una íntima conexión con las alfombras. "La alfombra nómada es también «no-relacional», presenta «formas abiertas» y es «all-over»: ideas y conceptos conocidos, mil veces vistos, pero ajenos por completo al arte occidental", señala la artista Teresa Lanceta[345]. Poder penetrar en este mundo de manipulación de las superficies por parte de sus artesanos supone un trabajo fascinante de cara a elementos como la simetría y la repetición, uniendo los materiales y los colores con el uso de figuras geométricas y patrones en la confección de estas estructuras cerradas en dos dimensiones[346]. En este sentido, el trabajo de Anni Albers (1899-1994), formada en la célebre escuela de la Bauhaus —donde fue alumna de Paul Klee, y después una de las pocas profesoras de esta institución— es interesante desde el punto de vista del enfrentamiento con textiles desde una perspectiva artística. Fue creadora de todo un mundo abstracto basado en el uso de la superficie a partir de diversos tipos de materiales textiles y técnicas concretas de elaboración. No solo desarrolló este trabajo en cuanto a la imagen, sino que lo expandió a propiedades como la absorción del sonido, la reflexión de la luz o su resistencia[347]. Posteriormente llegó a expandir esta visión artística a otros medios como la estampación.

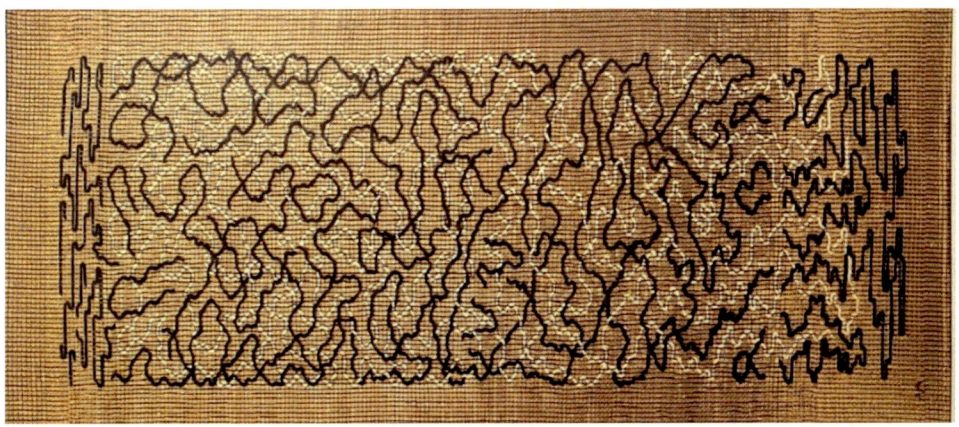

Figura 26. Anni Albers. *Epitaph*, **1968**[348].

---

[345] LANCETA, Teresa: *La Manta Navaja y Barnett Newman* [conferencia, 2003-2005], disponible *online* en: https://www.teresalanceta.com/es/escritos-propios.php?n_txt=60 [Última consulta: 4/11/2023].

[346] La aportación de la artista Teresa Lanceta en su tesis doctoral en la Universidad Complutense de Madrid bajo la dirección de Francisco Calvo Serraller pone en confrontación esta técnica artesanal del uso de la repetición a través de figuras geométricas básicas como la línea, el triángulo o el cuadrado, y lo contextualiza con artistas del siglo XX para extrapolar las grandes conexiones que hay entre estos mundos *prima facie* tan lejanos y, sin embargo, tan íntimamente vinculados. Cfr. LANCETA, Teresa: *Franjas, triángulos y cuadrados. Estructuras de repetición en tradiciones textiles y en artistas del siglo XX*, Tesis Doctoral, Universidad Complutense de Madrid, Madrid, 1998. Disponible *online* en: http://www.ucm.es/BUCM/tesis/19972000/H/0/H0045101.pdf [Última consulta: 4/11/2023].

[347] Cfr. COXON, Ann, FER, Briony y MÜLLER, Schareck: *Anni Albers*, Tate Enterprises, Londres, 2018.

[348] Tomado de COXON, Ann, COXON, Briony y MÜLLER, Schareck, *op. cit.*, p. 151.

Como ha señalado Teresa Lanceta,

> la ubicación de la alfombra en el suelo distorsiona la visión de la totalidad y
> da al fragmento una importancia primordial ya que representa esa totalidad
> difícil de captar de una sola mirada. Cualquier fragmento debe tener la mis-
> ma intensidad que el resto. Consecuencias: All-over u horror vacui. El frag-
> mento se llena de significado al estar obligado a mostrarnos en un mínimo y
> aleatorio espacio la totalidad compositiva. Debe representar aquello que no
> vemos claramente por extenderse más allá de nuestra visión[349].

Un caso paradigmático desde la perspectiva de la música que no quiero dejar de
destacar es el trabajo del compositor español Carmelo Alonso Bernaola (1929-2002),
académico también de esta casa. En gran parte de su última producción Bernaola desarrolló materiales y estructuras muy cercanos a estos modelos de repeticiones y simetrías
del mundo de las alfombras o del de los azulejos islámicos, aunque fuera como una mera
intuición de artista que le llevó a explorar este tipo de materiales y formas concretas de
exponerlos. En un amplio trabajo hace años traté este elemento en la obra y estética
tardía de Bernaola de una manera muy interdisciplinar[350]. Una obra como *Fantasías* (del
año 2000-2001, para orquesta) expande su material en el tiempo y en la página escrita
igual que el artista islámico en la Alhambra. Curiosamente, el estreno de esta obra sinfónica tuvo lugar en pleno recinto alhambrino[351], en el Palacio de Carlos V, dentro del
Festival Internacional de Música y Danza de Granada. Aunque prácticamente no se ha
estudiado este aspecto en la obra de Bernaola, su trabajo coincide no solo con Feldman,
sino con los conceptos de superficie y ornamentación[352]. El ejemplo siguiente recoge
un fragmento de esta obra; desde un punto de vista incluso solamente plástico se puede
percibir la importancia de la repetición como forma de elaborar la superficie sonora y
como desarrollo en el tiempo del material musical. Este modo de trabajo se puede observar también en obras anteriores de Bernaola, como *Nostálgico* (para piano y orquesta),
o *Complutum* (para orquesta), entre otras. Y también es reseñable en su amplio ballet *La
celestina* (1997-1998)[353], que hace uso continuo de estos procesos de repetición como
elemento constructivo. Este trabajo de Bernaola ha tenido puntos de contacto con Luis
de Pablo, especialmente con algunas de las propuestas musicales de los años setenta de

[349] LANCETA, Teresa: *La Manta Navaja y Barnett Newman…*, disponible *online* en: https://www.teresalance-
ta.com/es/escritos-propios.php?n_txt=60 [Última consulta: 4/11/2023].

[350] Véase SÁNCHEZ-VERDÚ, José María: "*Fantasías* o el elogio de la repetición. Acercamiento a procesos
repetitivos en la obra de Carmelo A. Bernaola", en VILLA-ROJO, Jesús (ed.): *Carmelo A. Bernaola. Estudio de
un músico*, Ikeder Mínima y Fundación BBK, Bilbao, 2003, pp. 63-115.

[351] *Fantasías* se estrenó el 8 de julio de 2001. Los intérpretes fueron la Orquesta Sinfónica de la BBC y el
director Andrew Davis.

[352] La pena es que, al no ser norteamericano, francés o centroeuropeo, la obra de Bernaola —y destacadamente esta temática en la que confluye con autores como Feldman— se mantiene prácticamente desconocida, tanto para la musicología española como para las jóvenes generaciones de compositores en nuestro país.

[353] *La celestina* fue estrenada el 24 de junio de 1998 en el Teatro Real de Madrid por la Orquesta Sinfónica de Madrid bajo la dirección de José Ramón Encinar, académico de esta casa. En algunas partes de la
composición ("Dies irae") Bernaola contó con el asesoramiento de otro futuro académico como Ismael
Fernández de la Cuesta [datos ofrecidos directamente por Encinar].

este último. Un ejemplo es la obra *Zurezko Olerkia* ("Poema de madera") de De Pablo, en la que la repetición transita extensos procesos y desarrollos a lo largo de su hora de duración[354].

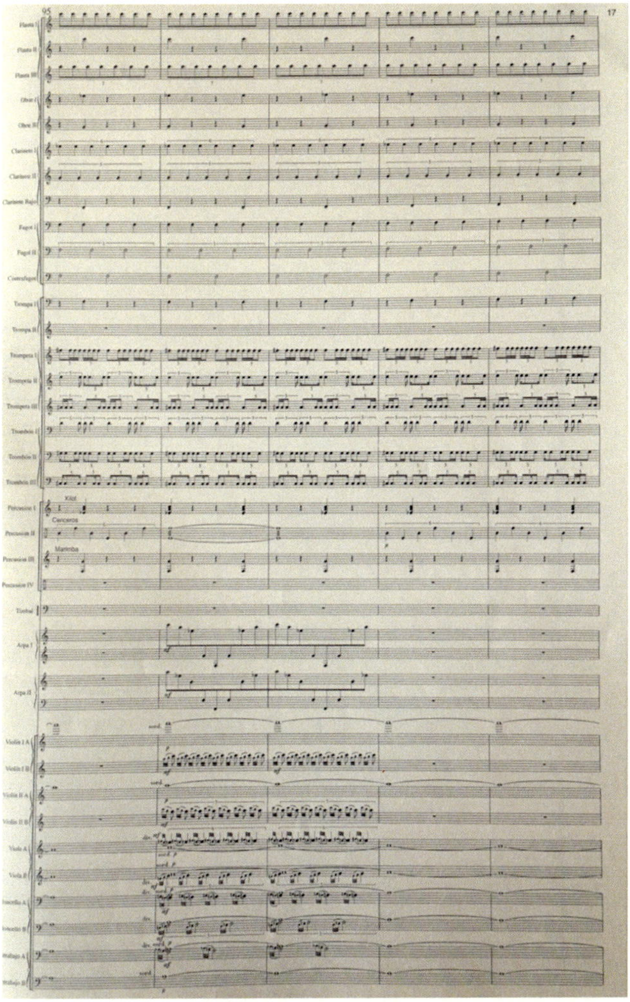

Figura 27. Carmelo A. Bernaola. *Fantasías* **para orquesta.**
Página 27 de la partitura.
© EMEC-SEEMSA (Madrid).

La interrelación entre disciplinas artísticas diferentes puede ser enormemente importante y enriquecedora. Quizás todas ellas poseen en realidad una zona subyacente común, y su articulación e individualización solo tiene lugar en el espacio de las diversas aproximaciones según la técnica y los materiales. Los espacios híbridos y la articulación de otras tipologías disciplinares no clásicas son consecuencia de estas formas de diálogos. Las confluencias y espacios líquidos entre lo artístico y lo artesanal,

---

[354] Obra para dos txalapartas, cuatro percusionistas y ocho voces, estrenada en Bonn el 24 de mayo de 1976.

junto al territorio de las nuevas tecnologías que condicionan nuestra percepción de nuevas visiones nómadas, hacen de nuestra realidad un espacio vivo emocionante y lleno de aventuras. Desde la música, desde la pintura, desde el arte de las alfombras hasta el vídeo-arte o la vídeo-escultura, etc., todas ellas convergen en numerosos elementos y aspectos comunes que pueden articular nuevas formas de diálogo y perspectivas artísticas especialmente fructíferas en el terreno de la cultura y del arte de hoy.

4. ALGUNAS PROPUESTAS PERSONALES

La música es el estado original
del pensamiento poético
Antonio Gamoneda

Todas las reflexiones y consideraciones expresadas en los apartados anteriores conviven con mi propio trabajo como compositor. Podrían ser observadas como contenido de un cuaderno de bitácora que empapa muchos de mis intereses a la hora de trazar diferentes proyectos. La repetición como categoría juega un papel destacado, y los temas tratados como la simetría, el juego con la superficie, las vinculaciones con el arte árabe o con artistas relacionados con estos espacios de pensamiento y trabajo han sido centrales y muy importantes en algunas obras de mi catálogo. No puedo más que estar de acuerdo con Tomás Marco, además, cuando señala que "la música, como la pintura, la matemática, la filosofía y cualquier otra disciplina intelectual no se desarrolla aisladamente sino en relación con el estadio en que se encuentra en cada momento la civilización de que se trate"[355]. En palabras de Nattiez, "cada manifestación estética está en relación con el *Zeitgeist*, el espíritu propio de su época, lo cual explica el hecho de que aquellas se transformen"[356]. El lenguaje de cada disciplina artística es diferente, pero siempre "dimana del pensamiento y de la tecnología de cada época"[357]. Por ello el arte es siempre para mí una forma de pensamiento, y la categorización de las diferentes disciplinas artísticas debe ser recontextualizada más allá de los límites trazados en la Ilustración y en la época del surgimiento de las grandes academias de Bellas Artes en Europa. La *Ästhetik* de Friedrich Daniel Ernst Schleiermacher, en cuanto a la descripción de las diferentes artes[358] y las consideraciones de Gotthold Ephraim Lessing, en su *Laocoonte*[359] —*con sus resonancias de Aristóteles y Horacio*— *junto a las reflexiones de un Hegel*[360] *o ya a inicios del siglo XX de Benedetto Croce,*[361] *deben ser interpretadas hoy —como ya lo han sido de forma determinante— en un nuevo contexto interdisciplinar. Estamos ante nuevos y diferentes espacios creativos que, con Deleuze, nos sitúan en procesos vitales y artísticos de desterritorialización* que nos confrontan con otras formas de *poesis* en el terreno del arte. Un gran *corpus* de pensamiento desde la historia del arte, la filosofía y otros ámbitos académicos se ha desarrollado en el siglo XX de forma paralela a numerosas expresiones artísticas que nos sitúan en un contexto muy diferente, lleno de aventuras y riesgos.

---

[355] Marco, Tomás: *Historia cultural de la música*, Ediciones Autor, Madrid, 2009, pp. 13-14.

[356] Nattiez, Jean-Jacques: "De las artes plásticas a la música: Pierre Boulez, a la escucha de Paul Klee", en *Bajo Palabra. Revista de Filosofía*, época II, núm. 7 (2012), pp. 117-128 (p. 118).

[357] *Ibid.*, p. 14.

[358] Cfr. Schleiermacher, Friedrich Daniel Ernst: *Estética*, Verbum, Madrid, 2004.

[359] Cfr. Lessing, Gotthold Ephraim: *Laooconte*, Tecnos, Madrid, 2015.

[360] Hegel, Georg Wilhelm Friedrich: *Vorlesungen über die Ästhetik III*, Suhrkamp, Fráncfort del Meno, 2018, pp. 131 y ss.

[361] Cfr. Croce, Benedetto: *Estetica*, Adelphi, Milán, 2005.

Si ha habido un autor que ha marcado y ha sido en gran manera paralelo a mi pensamiento musical en el terreno de la repetición este ha sido Pablo Palazuelo, del que ya he escrito anteriormente. La obra y el pensamiento de este artista han sido determinantes en obras mías como, entre otras, *Arquitecturas de la ausencia* (para ocho violonchelos en dos coros, de 2002-2003)[362], o *Kitab al-alwan* (cuatro piezas para orquesta, de 2001-2002)[363]. Muchos aspectos de mi trabajo han estado vinculados a la reflexión sobre la superficie sonora, a la creación de imágenes también sonoras basadas en la geometría, etc. y a procesos y estructuras articulados en el tiempo a través del desarrollo de los conceptos de ritmo y superficie, de repetición y memoria ante su percepción.

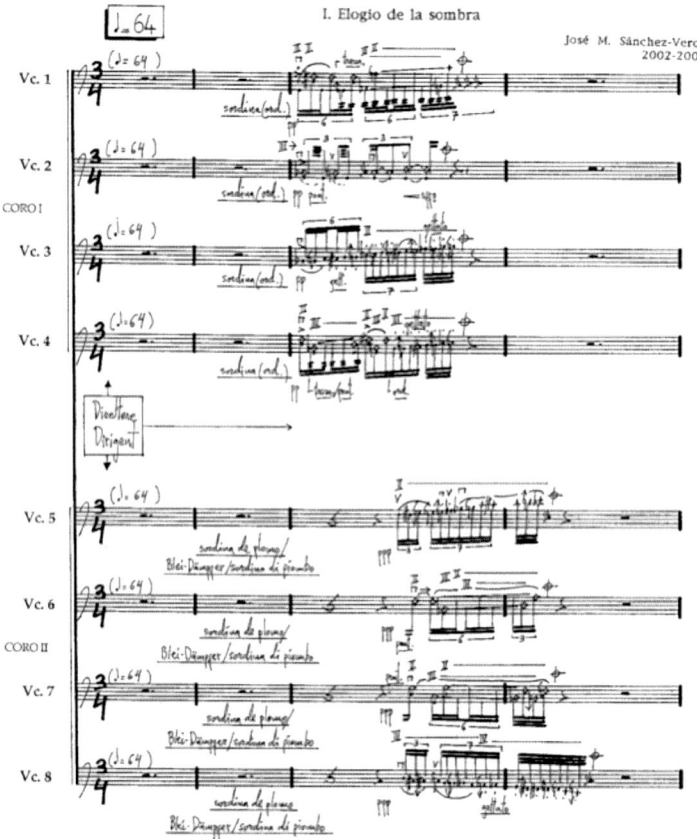

Figura 28. Arquitecturas de la ausencia (para ocho violonchelos en dos coros).
© Breitkopf & Härtel (2002-2003).

---

[362] Obra encargo del Centro para la Difusión de la Música Contemporánea (CDMC) del Ministerio de Cultura. Dedicada a Elías Arizcuren y al Cello Octet Conjunto Ibérico. Fue estrenada el 10 junio del 2003 en el Auditorio Nacional (Madrid) por el Cello Octet Conjunto Ibérico y su director Elías Arizcuren. Editada por Breitkopf & Härtel (Wiesbaden).

[363] Editada por Tritó (Barcelona). El estreno de su versión completa fue el 30 de marzo de 2007 en Festival Molina Actual (Murcia) por la Orquesta Sinfónica de la Región de Murcia bajo la dirección de José M. Sánchez-Verdú.

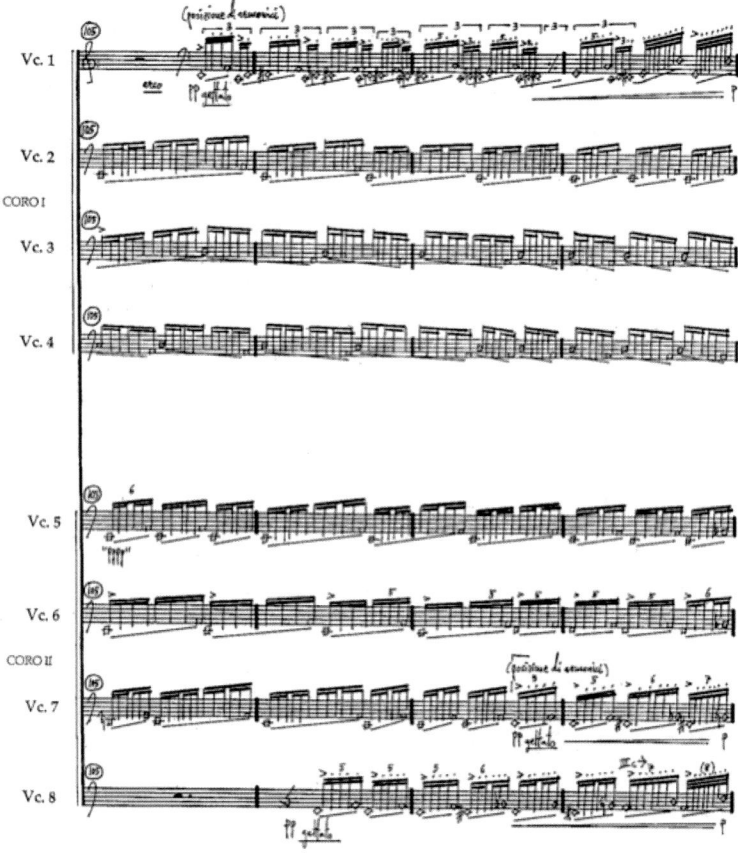

Figura 29. Arquitecturas de la ausencia (para ocho violonchelos en dos coros).
IV movimiento ("Arquitectura del silencio"), © Breitkopf & Härtel (2002-2003).

En una referencia directa al arte de la caligrafía y la escritura en su dimensión ornamental —a través de aspectos como la repetición de patrones, la plasmación de determinadas estructuras rítmicas y el juego con la memoria—, una obra como *Inscriptio (Deploratio IV)*, para clarinete en Si bemol o clarinete bajo en Si bemol, de 2004[364], despliega una sucesión de elementos que se comportan de manera similar a un texto caligráfico. Toda la obra se articula a través de una reja subyacente u *ostinato* rítmico que sirve de base y de superficie para el material sonoro. La obra debe ser interpretada de forma extremadamente metronómica[365], siendo su articulación casi mecánica. La paleta sonora extrema las dinámicas en *ppp*, y busca con ello la perspectiva de un relieve y diversas profundidades de "inscripción" de esta propuesta caligráfica. La caligrafía y el aspecto material de la escritura respiran como bases fundamentales de obras como esta.

---

[364] Obra estrenada por José Luis Estellés en el Centro Guerrero de Granada en 2004. Editada por Breitkopf & Härtel (Wiesbaden).
[365] Aspecto señalado al inicio de la misma partitura. Editada por Breitkopf & Härtel.

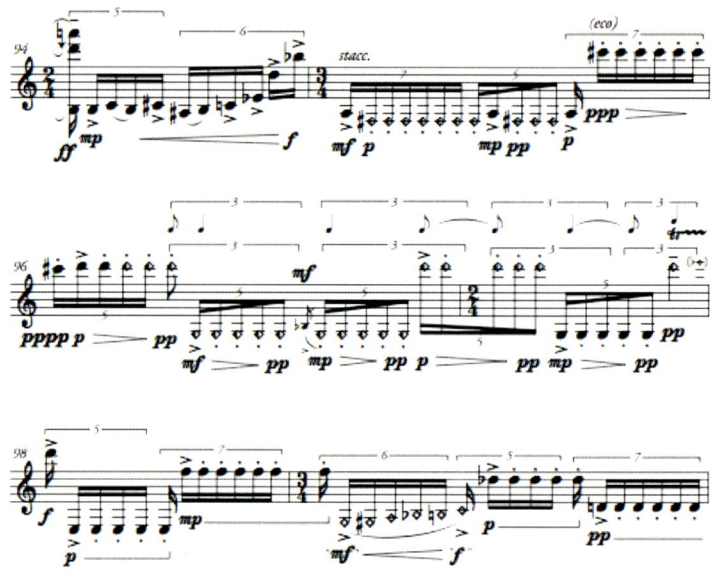

Figura 30. José María Sánchez-Verdú. *Inscriptio (Deploratio IV).*
Compases 94-99.
© Breitkopf & Härtel (Wiesbaden).

En un camino similar pero desplegado hacia la dimensión mística de toda una superficie se presenta también un ciclo de piezas que reflexionan y se inspiran precisamente en la superficie como territorio de trabajo. El ciclo posee el título general de *Hekkan*, continuado por su número de orden, *Hekkan I, Hekkan II…*, hasta *Hekkan IV*. La palabra *hekkan* hace referencia a una práctica oriental que se puede traducir como "contemplación del muro"[366]. Tal planteamiento tiene unos resultados muy particulares en la construcción de la forma musical y en el desarrollo del material sonoro. Aspectos como la repetición, el uso de la memoria y su arrastre de información o la estructura casi en ventanas —en estructuras cercanas a la construcción de un muro con su propia materialidad— establecen una superficie sobre la que podemos movernos (con la vista, o el oído en este caso). Podemos trazar un periplo en el que esta superficie y la carga de contemplación (en sentido casi místico), de ritmos, movimiento, vueltas atrás y adelante en el espacio y en el tiempo —como en un laberinto— dan a la pieza una estructuración y un juego con la percepción muy particular. La diferencia con la vista es que estas piezas musicales ofrecen una exposición cerrada de un desplazamiento por una superficie de tiempo: la temporalidad ofrece una lectura prefijada. Con la vista, sin embargo, la libertad te permite crear tu propia dramaturgia al contemplar una superficie. Los siguientes ejemplos pueden ser observados no solo como material sonoro, sino como material plástico, expuesto y desarrollado sobre una superficie.

---

[366] Sobre esta práctica ha hablado, por ejemplo, Antoni Tàpies. Véanse sus conversaciones con José Ángel Valente en *Comunicación sobre el muro. Antoni Tàpies, José Ángel Valente*, Rosa Cúbica, Barcelona, 2004, p. 67.

Hekkan III, para cuarteto de guitarras[367], ofrece una compleja estructuración en la que la rugosidad del material de estos instrumentos se alza como protagonista en el plano sonoro y tímbrico; la guitarra y su materialidad —cuerdas de metal, madera, resonancias, sonidos ensordecidos, etc.— van atravesando, en un auténtico proceso de tipo plástico y casi sinestésico, paisajes que se deslizan a través de superposiciones, de concatenaciones o yuxtaposiciones… No se podría hablar ni de principio ni de final: su concepción formal, unida a este concepto contemplativo del *hekkan*, crea una simple temporalidad que desvincula la plasmación formal del concepto lineal predominante en gran parte de los procesos creativos occidentales; *sensu contrario, Hekkan III* se une a un concepto circular o mejor dicho abierto e indefinido prototípico de gran parte del pensamiento oriental. La idea generadora de este ciclo de piezas se desarrolló en varios formatos instrumentales distintos[368].

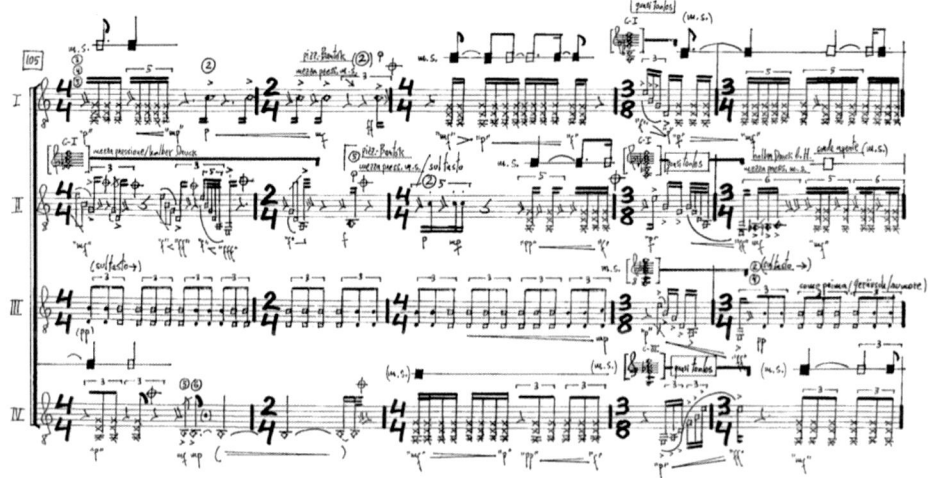

Figura 31. José María Sánchez-Verdú. *HEKKAN III.*
Compases 105-109.
© Breitkopf & Härtel (Wiesbaden).

El material musical de *Hekkan III* fluctúa a través de continuas reiteraciones de figuras musicales, usando elementos muy similares a la obra *Inscriptio* ya citada, pero en este caso en una polifonía a cuatro partes. Todos los procesos planteados atienden a una continua relación con la percepción de una superficie que percibimos delante de nosotros. Las estrategias formales y los grados de contraste en el tiempo apuntan continuamente a una falta de direccionalidad constante que nace de esa observación o "contemplación" que en el margen de una experiencia mística pretende hacer perder la esencia del yo.

---

[367] *Hekkan III* fue encargo del Festival Ostertöne de Hamburgo en 2011. Está editada por Breitkopf & Härtel (Wiesbaden).
[368] El ciclo comprende cuatro piezas: *Hekkan I* es para quinteto de viento, encargo del Beethoven Festival de Bonn; *Hekkan II* es para trío con piano, y fue encargo del Festival Haydn de Eisenstadt, en Austria; y *Hekkan IV,* para orquesta, fue encargo de la Orquesta de Cadaqués para su Concurso de Dirección de Orquesta.

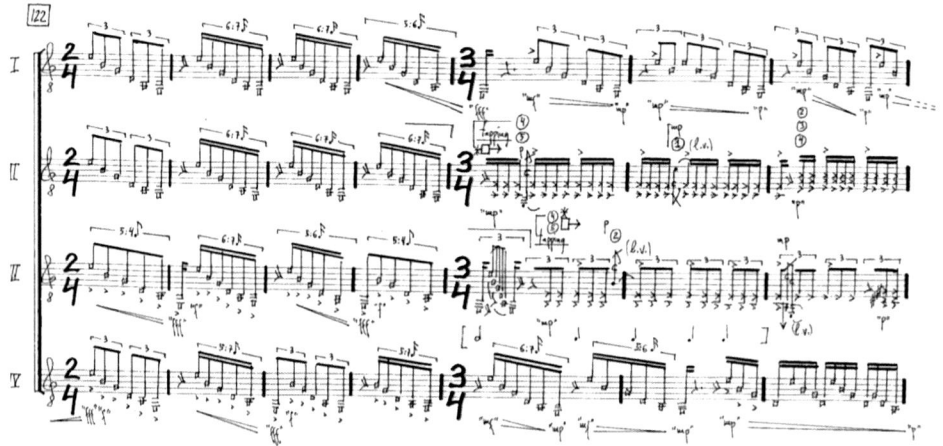

Figura 32. José María Sánchez-Verdú. *HEKKAN III.*
Compases 122-125.
© Breitkopf & Härtel (Wiesbaden).

Otro ejemplo más en este terreno es la pieza *Arquitecturas del límite*, para ensemble instrumental[369]. Aquí se plantean cuestiones cercanas a los ejemplos anteriormente señalados, pero ahora el concepto de ornamentación atiende a conceptos como lo liminal, los límites en la experiencia de la percepción. Se podría hablar de un parámetro musical como la "energía", contemplada como la cantidad de esfuerzo y exigencia que el intérprete debe invertir en la ejecución instrumental de la obra. En relación a la obra de Pablo Palazuelo se ha hablado de "energía germinal"[370]. Una sección final de la composición muestra cómo la saturación de la superficie de escucha es enormemente granulada toda vez que en ella se ponen en juego muchos planos y niveles al mismo tiempo, creando una percepción pluridimensional de gran complejidad. Los instrumentistas deben ejecutar acciones contrarias y enfrentadas entre las dos manos (en los instrumentos de cuerda) o entre la boca y los dedos (en los instrumentos de viento), o entre las dos manos (una en las teclas y la otra sobre las cuerdas, en el caso del piano). El resultado es una textura enormemente rica en la que se produce continuamente una revaloración de los entresijos, de las zonas "entre medias". Los instrumentos reaccionan de forma no controlable perfectamente en su resultado —aunque el resultado siempre es similar—, ya que se está potencializando la resistencia del material y del mecanismo propio de cada instrumento en relación a la acción interpretativa. No es que el instrumentista interprete el instrumento, sino que se produce una "contra-reacción", y se podría decir que el instrumento interpreta al ejecutante. El resultado —que siempre es igual en un terreno de granulación y muy alta organicidad— crea una percepción casi háptica del material musical, y en la audición una forma *interme-*

[369] Obra estrenada en abril de 2013 por el ensemble El perro andaluz con el director Lennart Dohms en el Ars Musica Festival de Donaueschingen. Editada por Breitkopf & Härtel.

[370] Cfr. HÖLZER, Max: "Imaginación sonora", en *Revista de Occidente*, mayo 1976, Madrid, pp. 49-53 (p. 50).

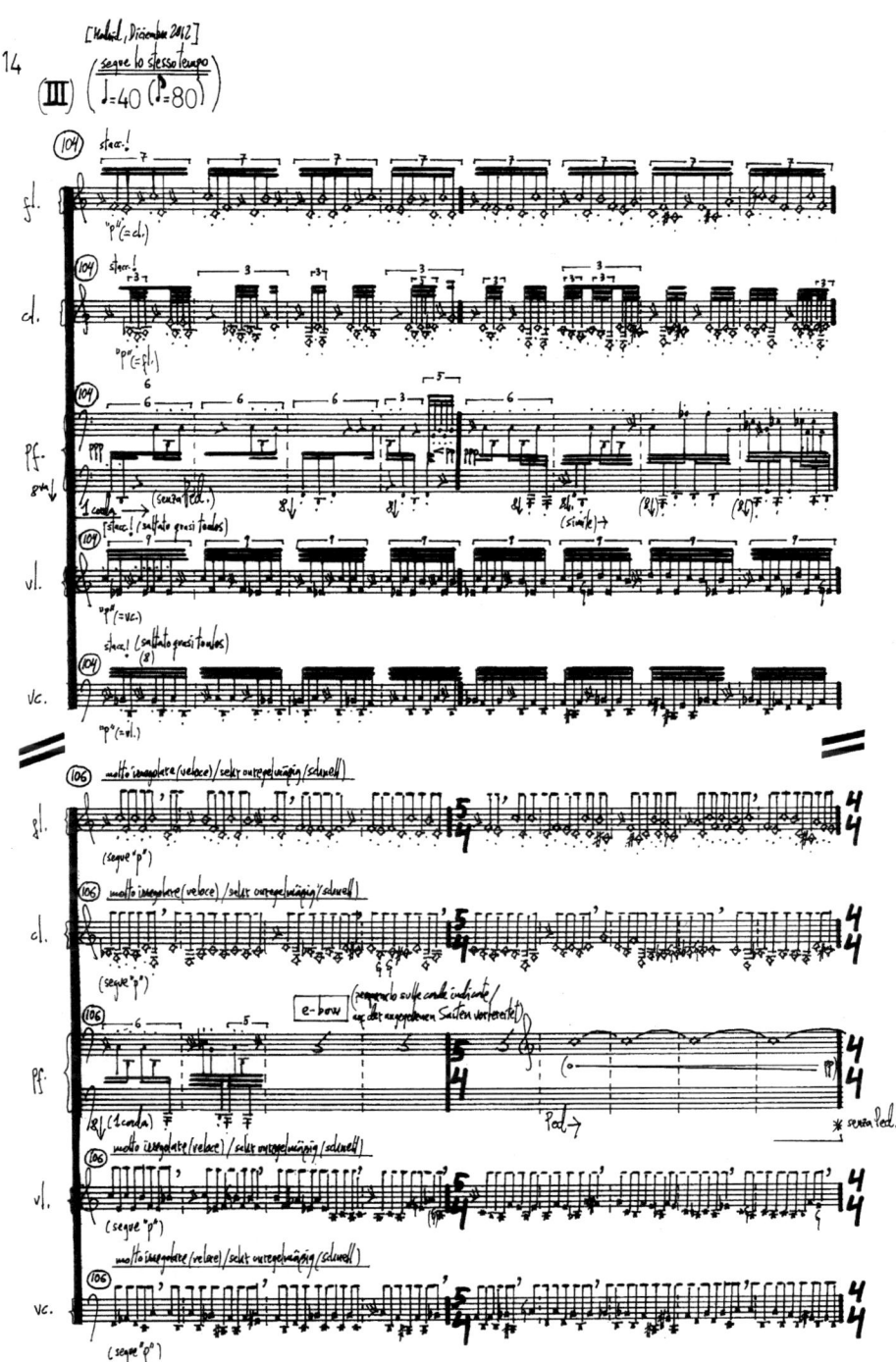

Figura 33. José María Sánchez-Verdú. *Arquitecturas del límite.*
Página 14 de la partitura.
© Breitkopf & Härtel (Wiesbaden).

dial de escuchar la superficie y percibirla a través de un sentido diverso a la vista o el tacto como es el oído. En este sentido —y una vez más— el resultado es cercano a la perspectiva de Pablo Palazuelo cuando entiende el material de su obra en un sentido táctil y pensante[371].

> La materia no es que sea aquello sobre lo que se trabaja, la materia va a ser la obra. Aristóteles ya advertía que hay una materia primera que es común e indeterminada; común a todas las cosas, pero indeterminada porque solo la vemos y la conocemos cuando ya tiene forma[372].

En este sentido el arquitecto Juhani Pallasmaa ha escrito que "la imagen del mundo que adquirimos visualmente no es una «imagen» en absoluto, sino una construcción plástica continua que sigue integrando percepciones singulares a través de la memoria"[373]. Para este autor "las percepciones visuales se integran y se memorizan como entidades táctiles, en lugar de imágenes singulares de la retina, como si fueran instantáneas"[374].

En un mundo laberíntico de posibilidades creativas mencionaré aquí también otros ejemplos de mi obra vinculados de una u otra manera al foco central de este texto, en este caso, y ahora a partir de la integración del espacio en tres dimensiones. Temas como el espejo, la imagen, la repetición o la superficie siguen siendo protagonistas. Y conviven, además, con pensadores y creadores que enriquecen y aportan un trasfondo profundo bajo la propia identidad de la obra musical. El espacio se articula como geometría, relieve y celosía en muchas de estas composiciones. Es por ejemplo el caso de *KHÔRA* (2012-2019), un proyecto escénico de 65 minutos en nueve movimientos para cuarteto de saxofones y acordeón microtonal. En *KHÔRA*[375] *el espacio es protagonista de la percepción en cada una de sus partes. El papel del espacio, las distancias y las posiciones de los instrumentistas están integrados en la partitura, y son parte esencial de la percepción de la obra.* KHÔRA, como proyecto musical, ofrece un territorio de escrituras que ocupa espacios ambiguos y en transición. Estos actúan como contenedores de un pensamiento musical que reflexiona sobre ese espacio-sonido y articula aspectos como el relieve, la geometría, la perspectiva, los límites, la dislocación de fuentes, el

---

[371] SOTELO CALVILLO, Gonzalo (ed.): *Pablo Palazuelo. Geometría docente…*, p. 27.

[372] *Ibid.*, p. 27.

[373] PALLASMAA, Juhani: *Tocando el mundo*, Ediciones Asimétricas, Madrid, 2019, p. 59.

[374] *Idem.*

[375] Todas las partes del ciclo *KHÔRA* —que pueden ser interpretadas independientemente— han sido estrenadas por SIGMA Project e Iñaki Alberdi, y han nacido como encargos del propio cuarteto y de la Sociedad Filarmónica de Badajoz (*Khôra I* en 2013 y *Khôra II* en 2015), de la ciudad de Breslavia (Polonia) como Capital Europea de la Cultura de 2016 (*Khôra III*), de los Rencontres Internationales de Musiques Contemporaines de Monastir 2018 en Túnez (*Transitus II* y *Horos I*), de Andrés Gomis y el World Saxophone Congress 2012 en Sant Andrews, Escocia (*Transitus*) y de Iñaki Alberdi y la Musik und Kunst Privatuniversität de Viena en 2019 (*Horos II*). *Khôra IV* y *Khôra V* fueron, finalmente, estrenadas en las 8.ᵃˢ Jornadas de Música en el Auditorio del CPM Frühbeck de Burgos, en 2019, en Burgos. El ciclo completo se presentó por vez primera —volviendo a su inicio— en el Ciclo de Música Actual de Badajoz en 2020.

movimiento en la proyección de los instrumentos o el uso de espacios lejanos no visibles que desarrollan una especial cartografía conquistada poco a poco por los cinco intérpretes del ciclo.

El término *khôra* nace de una larga reflexión que parte del *Timeo* de Platón[376] y adquiere un punto esencial en la relectura que en el siglo XX hizo de él el filósofo Jacques Derrida[377]. El oyente se confronta a diversas perspectivas en relación al elemento musical y espacial, y asiste a un compendio de cartografías de espejos de diversos tipos y de yuxtaposiciones en planos distintos. Todo esto dota al espacio de un valor primigenio en esta obra escénico-musical, como una poética arquitectónica de la percepción. Este campo de pensamiento está en la propia esencia musical y filosófica de todo el proyecto. Lo espacial es, por tanto, una categoría esencial integrada en la cartografía de todo el ciclo *KHÔRA*[378].

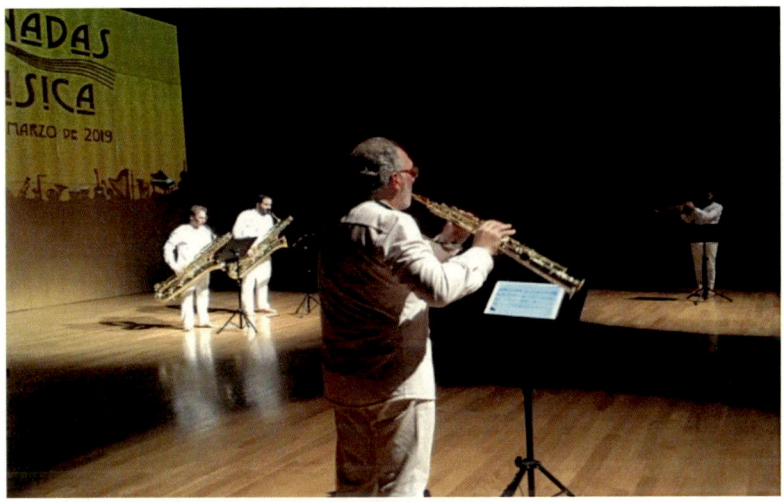

Figura 34. *KHÔRA*.
Concierto en el Auditorio del Conservatorio Profesional de Música de Burgos (2019).
Fotografía del autor.

---

[376] PLATÓN: *Timeo*, Gredos, Madrid, 1992.

[377] DERRIDA, Jacques: *Khôra*, Amorrortu, Buenos Aires, 2013.

[378] En palabras de Ramón Andrés sobre este ciclo, publicadas en el CD homónimo del sello KAIROS (*KHÔRA. Cycle for Saxophone Quartet and Microtonal Accordion*, KAIROS, Viena, 2024), la música que propone *KHÔRA* "es una deslumbrante muestra de ese algo que «se convierte permanentemente en otra cosa», de ese punto imposible de situar, pero que se abre al espacio, a eso que en términos heideggerianos se diría «apertura al mundo», pero de un mundo que emerge gracias a la articulación de un lenguaje, aquí musical, que funda un lugar. De ahí que sea lícito hablar en *KHÔRA* de sonido y epifanía. Nada en esta partitura se sujeta a la afirmación. Cambio dentro del cambio, no tiene un centro, porque ella deviene en el gran círculo. Es refractaria a lo que está ubicado en una posición concreta del devenir. Es ajena a cualquier dirección establecida y, pese a ello, tiende a un lugar. Su inicio es movimiento, y lo es también su llegada. No se cumple un ir de aquí hacia allá. Lo que se percibe en *KHÔRA* son repliegues de un acontecimiento y su relación con una difusa fuerza de gravedad. Pero se trata de una fuerza gravitatoria difícil de definir, que no admite ser tomada como causa o motivo de orientación hacia un punto, tampoco como atracción hacia un determinado *tópos*".

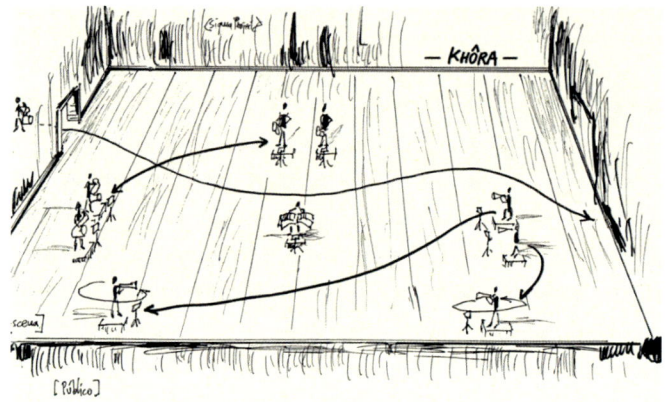

Figura 35. *KHÔRA*.
Diseño del autor para la disposición y
desplazamientos de los instrumentistas en el espacio.

Otro ejemplo en este terreno espacial es el caso del proyecto escénico-musical *Far water*,[379] para voz japonesa del teatro *Nôh* y violín. La articulación del espacio nace de una refinada vinculación estilizada de la superficie del teatro *Nôh* japonés y de un desarrollo espacial que integra diferentes posiciones dentro de la escena, que va cambiando de configuración. La obra integra también los movimientos entre las diferentes posiciones de ambos intérpretes, casi como un estudio cosmológico sobre la superficie de esa escena estilizada en que se mueven ambos intérpretes y guarda una fina y poética relación con el histórico teatro *Nôh* en la concepción del espacio y el tiempo[380].

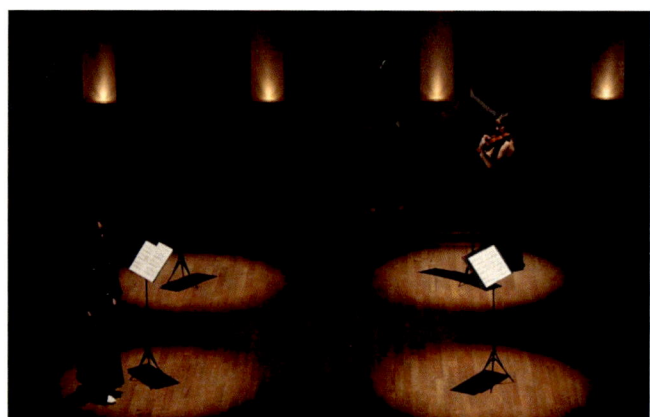

Figura 36. *Fernes Wasser / Far Water.*
Estreno en Tokio. Uso de la superficie del espacio como
geometría viva de una dramaturgia espacial.
Fotografía del autor.

---

[379] Obra estrenada en Tokio en 2018. La pieza fue encargo de la Embajada de España en Tokio.
[380] Véase, entre otros muchos estudios, ZEAMI: *Fushikaden. Tratado sobre la práctica del teatro Nō y cuatro dramas Nō*, Trotta, Madrid, 1999, pp. 46 y ss.; también GODEL, Armen: *Le nô infini*, MetisPresses, Ginebra, 2017, pp. 50 y ss.

Far Water plantea una dramaturgia en torno a la música y al espacio basada en tres antiguos poemas japoneses del *Kokinwakashu* (o *Kokinshu*)[381], una de las colecciones de poemas más antiguas de Japón, completada en la corte de Kioto a principios del siglo X. Esta colección tiene algunas conexiones con algunas ideas del teatro *Nôh* desarrollado posteriormente. El centro y la conexión entre las tres escenas es siempre el agua: agua en diferentes perspectivas poéticas, en diferentes representaciones musicales. Agua como visión, como luna, como espejo, agua como gotas de lluvia, como rocío, como suspiro. Los dos protagonistas de esta pequeña trilogía escénica son el *shite* (la cantante *Nôh*) y un violín, que representa de muchas maneras también los diferentes colores y resonancias de la naturaleza que rodea estos poemas.

Mi obra *BARZAJ (Cuarteto de cuerda nº 10)*[382] *supone una vez más la utilización de un género tan particular y vinculado a la tradición occidental como es el cuarteto de cuerda para crear un espacio sonoro y de pensamiento, una especie de "jardín" o locus amoenus en el que* diferentes ideas y aspectos de la cultura se dan cita. Si en mis cuartetos números 6, 7, 8 y 9 ofrecía, respectivamente, acercamientos a Josquin des Prez, a San Agustín y la memoria, a la poesía del alemán Björn Kuhligk (1975) o al mundo del jardín granadino de Pedro Soto de Rojas (1584-1658), en este nuevo "jardín" —el décimo— es la figura del filósofo, poeta y místico de Al-Ándalus Ibn 'Arabî (1165-1240) la que se constituye como espacio de reflexión y de referencia. No es la primera vez que este mundo islámico, sobre todo a partir de su poesía, su arquitectura o su versión mística (sufismo), ilumina mi búsqueda artística, como apuntaré enseguida[383].

El concepto de *barzaj* es la base de inspiración para todo el cuarteto. Esta idea ya apareció en mi ópera *El viaje a Simorgh* (2007),[384] en una de sus escenas, de la mano de Farid al Din Attar (ca. 1145- ca. 1221) y Juan Goytisolo (1931-2001), sobre cuya novela *Las virtudes del pájaro solitario*[385] está basada. *El barzaj* es un "istmo", un "inter-mundo", y ofrece una visión especial y única dentro del pensamiento de Ibn 'Arabî. Ha sido estudiada por numerosos autores, entre ellos por un nombre de referencia ya citado antes como Henry Corbin[386]. Pero es especialmente en los últimos años el trabajo de Pablo Beneito, uno de los mayores especialistas a nivel internacional sobre

---

[381] Cfr. DUTHIE; Torquil (ed.): *Kokinwakashu. Poesía clásica japonesa*, Trotta, Madrid, 2008.

[382] *BARZAJ (cuarteto de cuerda nº 10)* fue estrenada en el Auditorio Nacional de Música de Madrid por el Pacifica Quartet el 15 de marzo de 2015 como encargo del Centro Nacional de Difusión Musical. Está editado por Breitkopf & Härtel. La obra está dedicada a Pablo Beneito, arabista y gran especialista en la obra de Ibn 'Arabî.

[383] Sobre este cuarteto véase SÁNCHEZ-VERDÚ, José María: "Writings of Space and Memory: The String Quartet as *locus amoenus*", en HEINE, Christiane y GONZÁLEZ, Juan Miguel (eds.): *The String Quartet in Spain ("Varia musicológica")*, Peter Lang, Berna, 2016, pp. 595-619.

[384] *El viaje a Simorgh*, ópera en dos actos estrenada el 4 de mayo de 2007 como encargo del Teatro Real de Madrid. Director musical: Jesús López Cobos, director de escena y escenógrafo: Frederic Amat, coreografía: Çesc Gelabert (Companya de dança Gelabert-Azzopardi), vestuario: Cortana, luces: Vinicio Cheli, El Amado: Dietrich Henschel, La Amada: Ofelia Sala, El/La Archimandrita: Carlos Mena, Ben Sida: Marcel Pérès, etc., Orquesta y Coro Sinfónicos de Madrid y SWR Experimentalstudio de Friburgo (electrónica). Editada por Breitkopf & Härtel (Wiesbaden).

[385] GOYTISOLO, Juan: *Las virtudes del pájaro solitario*, Alfaguara, Madrid, 1988.

[386] CORBIN, Henry: *Cuerpo espiritual y Tierra celeste*, Siruela, Madrid, 1996.

la figura de Ibn 'Arabî, el que me ha interesado destacadamente, sobre todo su estudio sobre la perspectiva de la creación artística y la ambivalencia "como procedimiento hermenéutico y fundamento del arte genuinamente islámico"[387], arte como espejo del *barzaj* en el que "el artista […] tiende a remontarse al mundo de los prototipos de la Naturaleza […]"[388], y no a imitar el mundo físico. Su artículo "El viaje hermenéutico por las ínsulas de la imaginación: reflexiones acerca del intermundo (*barzaj*) y la polivalencia de la imagen-símbolo a partir del pensamiento de Ibn 'Arabî" fue un punto muy importante de partida que me impulsó a trazar el vuelo de este cuarteto.

En esta obra la disposición de los instrumentistas —incluso con transiciones y desplazamientos— es esencial una vez más. Así, las distintas posiciones sobre un entramado de siete puntos fijos de atriles en la escena crean una abstracta cartografía que va destinada sobre todo a la percepción de esos *loci* como elemento fundamental. Se crea una extraña simbología secreta sobre el espacio de la interpretación, y se insiste especialmente en la percepción de este como un elemento insustituible junto al material musical de la obra. Una constelación de posiciones articula un universo simbólico y abstracto ante nuestra percepción auditiva y visual. Nos hace pensar el espacio y el sonido de forma paralela. El *Cuarteto nº 10, BARZAJ*, se articula en tres movimientos: 1. *Nur* / [*Nizam*] / 2. *Ruh*. El título del primer movimiento, *nur*, significa "luz" en árabe. El despliegue musical y escénico-espacial confiere al material el mismo juego abstracto y de contornos lumínicos que irradia una celosía islámica: solo la luz se filtra a través del espacio. La luz se oculta y se mueve a través de innumerables velos y vanos abiertos; estos elementos ofrecen una perspectiva múltiple al movimiento espacial del sonido y al *relieve* en su percepción. La señalada disposición de los cuatro instrumentistas sobre el ese escenario, creando distancias mucho mayores de lo normal, contribuye a la creación de esta perspectiva acústica de un material musical enormemente extremo en sus dinámicas en *pianissimo* y en su refinamiento tímbrico y de articulaciones.

El inicio del cuarteto es ya representativo de la importancia de la línea como elemento de construcción: una red de líneas se despliega por el marco del cuarteto creando continuas situaciones de heterofonías, unísonos, sorpresas superpuestas, filtrajes y transformaciones del sonido convencional…, un auténtico laberinto que nos conduce por un espacio-tiempo de percepción extremo. Este "elogio de la línea"[389], cada vez más presente en algunos aspectos de mi trabajo, conduce a una escucha enormemente horizontal que despierta un seguimiento focalizado de la evolución del tiempo y del material. Todo ello está, además, vinculado a una sucesión de estructuras infinitas y complejas como en los azulejos y alicatados del arte islámico antes tratado: las líneas que se presentan son, en muchos casos, símbolos inacabables desplegados en el espacio que aúnan la infinitud —son líneas sin inicio o final— con el sentido de la existencia de un solo Dios, Alá… En este doble sentido, teológico y teleológico, estas citadas líneas y los límites de este *barzaj* adquieren un especial protagonismo en la composición.

---

[387] Beneito, Pablo: "El viaje hermenéutico por las ínsulas de la imaginación: reflexiones acerca del intermundo (*barzaj*) y la polivalencia de la imagen-símbolo a partir del pensamiento de Ibn 'Arabî", en López-Baralt, Luce: *Repensando la experiencia mística desde las ínsulas extrañas*, Madrid, Trotta, 2013, p. 363.
[388] *Ibid.*, p. 375.
[389] Ingold, Tim: *Lines. A brief history*, Routledge, Londres / Nueva York, 2007.

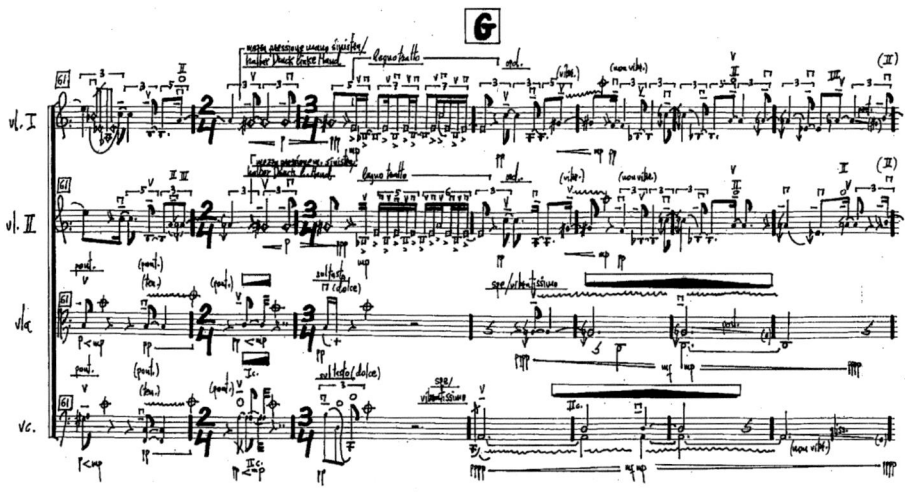

Figura 37. Sánchez–Verdú, *BARZAJ (Cuarteto de cuerda nº 10).*
Compases 61-67 del primer movimiento. © Breitkopf & Härtel (Wiesbaden).

Nizam, la hermosa y virtuosa muchacha persa que describe Ibn 'Arabî en su obra *El intérprete de los deseos*[390], significa en árabe "armonía". Encarna la figura de la Amada y al mismo tiempo la Sabiduría; recuerda a la Polia en ese fantástico libro de finales del XV que es la *Hypnerotomachia Poliphili.*[391] Las confluencias entre diferentes culturas en cuanto a símbolos y temáticas es muy significativa a veces. En el cuarteto esta figura femenina, Nizam, se constituye en el istmo, el intermundo que une los movimientos externos de la obra. Su material musical se despliega como un canto que crea otra dimensión del espacio y de la escucha, haciendo protagonista al relieve y a la perspectiva en la sala de conciertos mediante los lugares de las distintas fuentes sonoras. En cada uno de los movimientos hay una disposición diferente; y en el movimiento central ahora tratado con el título de la amada, Nizam, se articulan transiciones de dos de los instrumentistas entre puntos diferentes del espacio.

La palabra *ruh*, finalmente, significa "viento", y posee un vínculo con otra palabra que significa "espíritu" (misma raíz de *rih*, "viento", o *ruah* en hebreo). Si *nasim* significa "brisa", Ibn 'Arabî usa en un verso dedicado a Nizam la hermosa expresión de *nasim al-rih* ("la brisa del viento"). Este movimiento es un susurro que acaricia y contornea el paisaje sonoro del cuarteto —como un viento místico y musical a la vez—, cerrando la arquitectura de sus procesos y de su estructura a través de un viaje poético-musical.

---

[390] Ibn 'Arabî: *Taruman Al-Aswaq* ("El intérprete de los deseos"), Editora Nacional de Murcia, Murcia, 2002.

[391] Obra atribuida a Francesco Colonna publicada en Venecia en 1499. Cfr. Colonna, Francesco: *El sueño de Polífilo*, Acantilado, Barcelona, 2008.

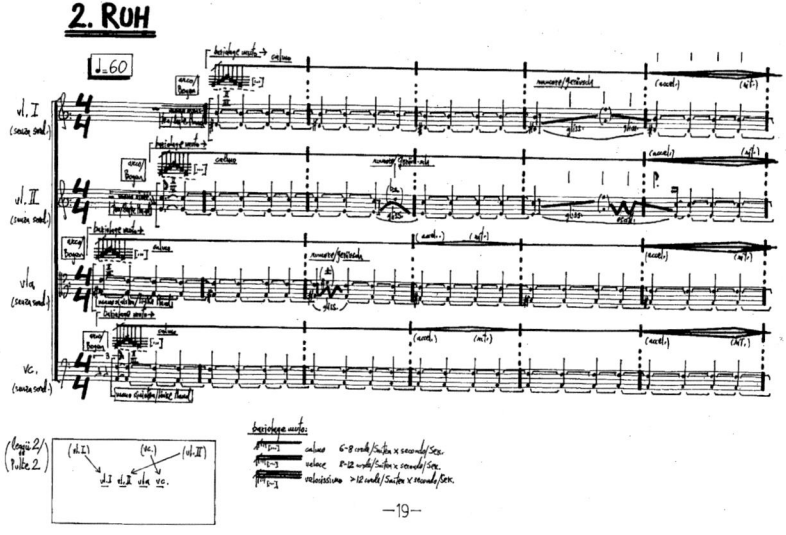

Figura 38. Sánchez-Verdú, *BARZAJ (Cuarteto de cuerda nº 10).*
Compases 1–5 del último movimiento. © Breitkopf & Härtel (Wiesbaden).

BARZAJ (cuarteto de cuerda nº 10) discurre en torno a los límites, a ciertas fronteras y horizontes que son recorridos en un trazo poético entre música y pensamiento; la perspectiva, la percepción del espacio y el sonido, y su relieve (tan olvidado hoy en día) son elementos integrados en una partitura que en cierto modo adquiere el contorno y trazado de la caligrafía árabe. La geometría se alza, en un nivel casi hermético, como una red esencial sobre el escenario: los cuatro instrumentistas trazan una auténtica dramaturgia en base al espacio. La abstracción del material, el refinamiento en sus más mínimos detalles y el juego entre luces, sombras, celosías, figuras geométricas, etc., hacen de esta pieza un espacio de creación en el que la visión árabe (a través del gran Ibn 'Arabî) se hace realidad tras un muro de velos y figuras estilizadas y solamente apuntadas, sin ser dichas totalmente. Todo el desarrollo sonoro va de la mano de un despliegue espacial que hace de la superficie de la escena y de las formas y límites de su percepción el terreno central de trabajo. En los ejemplos siguientes se recoge la configuración espacial —por lo importante que es— de los dos primeros movimientos de la obra.

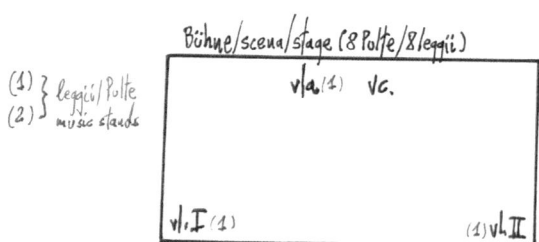

Figura 39. Sánchez-Verdú, *Barzaj (Cuarteto de cuerda nº 10).*
Descripción espacial en el primer movimiento, *Nur.*
© Breitkopf & Härtel (Wiesbaden).

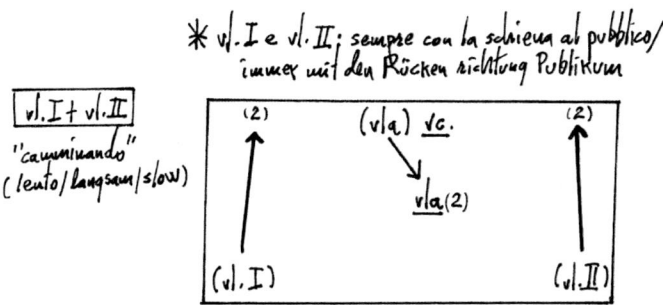

Figura 40. Sánchez-Verdú, *Barzaj (Cuarteto de cuerda n° 10).*
Descripción espacial en el movimiento central, *Nizam.*
© Breitkopf & Härtel (Wiesbaden).

Una obra que abre diversas perspectivas que atañen a la imagen, a sus proyecciones, a la repetición de contextos similares en diferentes terrenos de percepción, a la reflexión sobre el mundo analógico frente al digital, y a todo un territorio en el que el espacio juega —de nuevo— un papel determinante es *Alegorías de la luz /* *Licht-Allegorien*[392]. Se trata de un concierto-instalación de unos 65 minutos para siete instrumentistas especializados, cuatro proyectores cinematográficos (dos analógicos de 16mm, uno de 35mm y uno digital), cuatro pantallas de proyección, un instrumento analógico histórico desarrollado por H. Scherchen[393] situado en el centro del espacio y electrónica en vivo.

El centro de atención de *Alegorías de la luz* reside en el uso de la luz, del espacio y de diversas fuentes sonoras junto a diferentes tipos de proyectores cinematográficos y filmes abstractos desarrollados para este proyecto. La intervención matérica de las diferentes cintas, los aspectos mecánicos y rítmicos de los proyectores analógicos, así como las diferentes velocidades e interacciones entre todos estos elementos junto al sonido condicionan la base de toda la obra. Este universo mecánico y analógico encuentra su desarrollo en los terrenos acústicos, sonoros, espaciales y de percepción temporal. Técnicas como el montaje, la superposición de capas, la erosión, la azarosidad de procesos, la aceleración y la deceleración de materiales, así como su incardinación en diferentes espacializaciones son la esencia no solo de la parte fílmica de *Alegorías de la luz,* sino también de la parte musical. El espacio es integrado incluso de forma protagonista para crear contextos enormes de *feedback* entre los extremos de todo el espacio del proyecto; la base para esto son varios altavoces, subwoofers y micrófonos, y

[392] *Alegorías de la luz / Licht-Allegorien* fue encargo del Ensemble Ascolta de Stuttgart, del Festival Kontakte de la Akademie der Künste de Berlín y de la Fundación Siemens (Múnich). Su estreno fue el 30 de septiembre de 2017 en el Festival KONTAKTE 2017. Música, espacio y dramaturgia del sonido: José M. Sánchez-Verdú; films y *performance* con los proyectores y manipulación de las cintas: Deneb Martos; realización electrónica: Gregorio G. Karman (Studio für Elektronik de la Akademie der Künste de Berlín).
[393] Instrumento en forma de esfera que gira mediante un motor conformado por 32 altavoces en dos canales. Fue denominado *rotierender Nullstrahler.* Su ideación y desarrollo se debe al director de orquesta Hermann Scherchen (1891-1966) en su estudio de Gravesano (Suiza), lugar unido a algunos importantes autores como Iannis Xenakis, entre otros.

todos son utilizados como instrumentos para crear espacios temporales de inmersión en la percepción de estos fenómenos acústicos. Aparte de todo ello también juega un papel esencial la integración de lo performativo a través de la manipulación en vivo de la cinta del gran proyector de 35mm, interactuando con las imágenes resultantes dentro de la dramaturgia de toda la obra. A todo ello hay que añadir que el público se mueve libremente por todo este espacio "expositivo", un *locus* que está jalonado por proyectores, pantallas, instrumentistas y otros elementos que hacen de él y de su percepción el itinerario de una propia y libre percepción. La "inclusión del espectador" —una vez más en mi trabajo— ofrece un tipo de experiencia estética que quiebra ciertos límites en el ámbito del desarrollo de sus procesos, como ha sido una realidad desde los años sesenta[394].

Una referencia esencial desde un inicio para *Alegorías de la luz* ha sido el texto *L'intelligence d'una machine* (1946) del cineasta y filósofo Jean Epstein (1897-1953). Una película esencial en su filmografía es *La Chute de la maison Usher*, de 1928. Sus juegos con los tiempos, con los *ritardandi* o *accelerandi*, los cambios de velocidad de la película, la superposición de eventos temporales, etc., confieren a su poética una absoluta originalidad. Como cineasta ha jugado un papel destacado por autores posteriores como el cineasta Luis Buñuel, y de una manera muy significativa por el filósofo Gilles Deleuze.

La discontinuidad de las proyecciones cinematográficas se transforma en simulacros de continuidad, y el tiempo se constituye en una cuarta dimensión junto a las tres dimensiones del espacio perceptible. El tiempo no está hecho de tiempo, al igual que el espacio no contiene al espacio en sí: ambas categorías son relaciones variables. Hay tantos tiempos y espacios como perspectivas infinitas de percepción. Por ello señala Epstein que la aceleración vivifica y espiritualiza, y la ralentización mortifica y materializa. Cada organismo vivo o mecánico posee sus propias coordenadas y escalas de espacio y de tiempo. La realidad del espacio y del tiempo, del determinismo o de la libertad, de la materia o del espíritu, de la continuidad o de la discontinuidad, crean una realidad alegórica. Para Epstein esto es realmente "poesía". La forma cinematográfica en la obra de Epstein se presenta como una "modulación de tiempo" y como una frontera o límite que tiende de forma infinita hacia una ralentización del movimiento[395]. Se trataría de una forma de *Zeitlupe* (lupa de tiempo), un concepto apuntado por Élie During.[396]

La complejidad de los aparatos mecánicos —en un verdadero alegato que hace Epstein hacia la máquina como entidad inteligente— recrea en ellos un aspecto psíquico: conjugan la sensibilidad y la memoria. Epstein habla de un pre-pensamiento mecánico inconsciente en las máquinas. Además de ello, el cinematógrafo ofrece elementos que podrían describirse como análogos al sueño. El lenguaje del sueño y el del cinematógrafo confluyen en el mundo de las alegorías. Estos aspectos de interacción entre las máquinas, el uso de los tiempos y las imágenes proyectadas y sus dimensiones temporales constituyen el territorio poético de *Alegorías de la luz*. Jean Epstein, en su

[394] REBENTISCH, Juliane: *Estética de la instalación*, Caja Negra, Buenos Aires, 2018, pp. 298-299.
[395] DURING, Élie: "Zeitlupen: von Vertov bis *Matrix*", en ALLOA, Emmanuel (ed.): *Erscheinung und Ereignis. Zur Zeitlichkeit des Bildes*, Wilhem Fink, Múnich, 2013, p. 102.
[396] *Ibid.*, pp. 85 y ss.

texto *El cine del diablo*, recoge estas y otroas reflexiones sobre el tiempo. No solo lo vincula con el mundo de los sueños, sino que resalta la reversibilidad que el tiempo adquirió con la invención del cine.

> Lo propio de las imágenes es justamente la reaparición y la acreditación de la reversibilidad del tiempo, considerada hasta hoy un artificio puramente interior, como resultado de una experiencia visual recogida en el exterior[397].

Las máquinas que proyectan las imágenes en movimiento conviven con dos *formas* de tiempo: un tiempo irreversible, medido, y otro tiempo reversible, objeto de reflexión y manipulación por parte de un creador cinematográfico. Jean Epstein supo usar estos aspectos en sus películas desde bien temprano; llegó a acelerar o retardar la imagen, y a superponer diferentes velocidades —como es el caso de la paradigmática y ya citada *La chute de la maison Usher*—. En otro de sus últimos filmes, *Le tempestaire* ("El domador de tempestades", de 1947), Epstein amplía esta vinculación del tiempo al elemento sonoro; crea en el filme un efecto paradigmático al aplicar la ralentización del tiempo no solo a la imagen, sino también al audio.

Alegorías de la luz trabaja, además, con aspectos sinestésicos: cada uno de sus movimientos se centra en un tipo de color y ciertas variaciones, y ello nace de mi personal percepción sinestésica de la música[398]. Los colores trabajados plásticamente y de forma abstracta en los filmes van unidos a ciertas notas y materiales musicales de tipo sinestésico: color blanco, nota La; colores grafito y grises, nota Do y variaciones; color oro (*chrysós* en griego), notas variables entre Re, Fa y La; color azul (*kyanos* en griego, color del luto en la Grecia antigua), nota Mi; color rojo y variaciones (como *nâr*, "fuego" en árabe), nota Sol; color negro, nota Do. Por tanto, la obra es, además de un viaje a través de una dramaturgia de espacios, tiempos y luces, un relato de percepción sinestésica a través de varios colores esenciales vivificados mediante los distintos filmes proyectados.

La partitura instrumental cuenta con trompeta en Do, trombón tenor-bajo, dos percusionistas, piano y guitarra eléctrica espacializados en torno a toda la superficie del proyecto.

La electrónica, en su desarrollo, expande y desarrolla las interrelaciones entre el espacio y las proyecciones de las películas, los aspectos rítmicos y temporales, así como el uso de los ruidos y los sonidos (musicales y el de los propios proyectores). La conocida como *rotierender Nullstrahler* —patentada por el director de orquesta Hermann Scherchen (1891-1966) en 1959 y formada por 32 altavoces en dos canales— fue integrada en este proyecto como objeto sonoro, y es protagonista en dos momentos concretos de la obra[399]. El sonido de los proyectores cinematográficos se envía también a través de este instrumento sonoro, la primera vez como interludio, y al final de la obra como alegoría de un agujero negro que absorbe toda la energía e incluso la luz, como

---

[397] EPSTEIN, Jean: *Escritos sobre cine (1921-1953)*, Shangrila, Madrid, 2021, p. 326.

[398]

[399] Cfr. FÄRBER, Peter: "Scherchens rotierender Nullstrahler (1959): «Idealer» Lautsprecher oder nur Effektgerät?", en GARTMANN, Thomas y SCHÄUBLE, Michaela (eds.): *Studies in the arts. Neue Perspektiven auf Forschung über, in und durch Kunst und Design*, Transcript, Bielefeld, 2021, pp. 113-136.

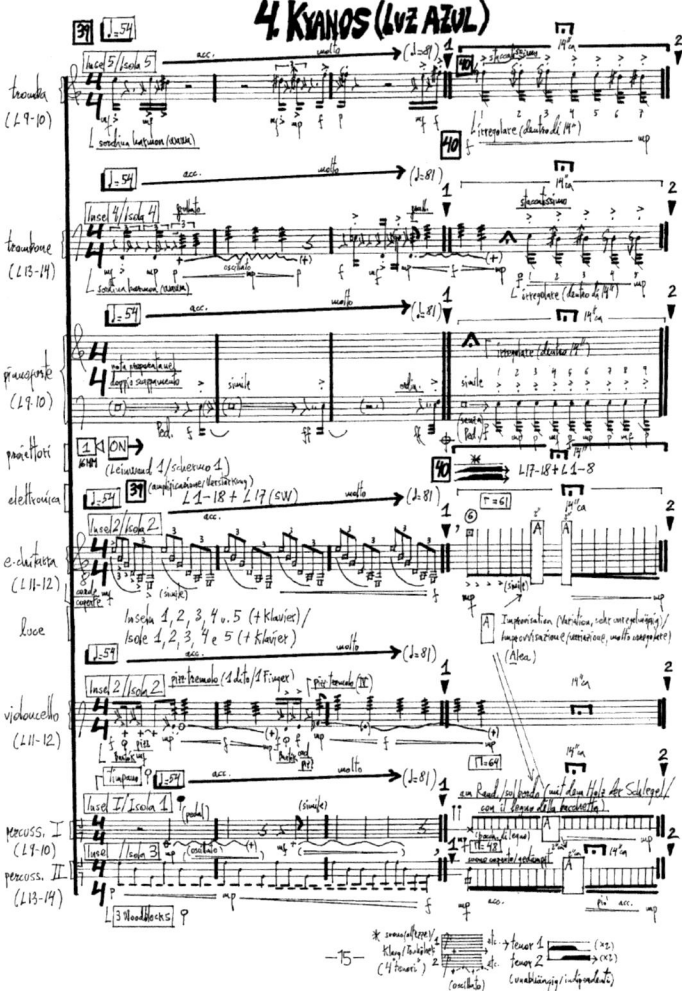

Figura 41. *Alegorías de la luz / Licht-Allegorien.*
Akademie der Künste, Berlín, Festival Kontakte, 2017.

se señala desde Einstein hasta la física actual. Todo el proyecto pretende hacer visible, mediante esta figura de la alegoría, una serie de procesos abstractos referidos a la luz (y sus colores), al tiempo, a partir del uso de distintas máquinas, del sonido y del espacio.

La estructura de *Alegorías de la luz* está formada por siete escenas, cada una de ellas con usos distintos de los instrumentos acústicos del ensemble, de la luz y los colores, del espacio, de la electrónica y de los filmes proyectados. Además, hay un preludio, un interludio y un postludio. La estructura con la especificación de títulos y la dramaturgia de los proyectores y las cintas manipuladas es la siguiente:

PRELUDIO. Procesos de *feedback* en todo el espacio.
1. *LUZ BLANCA.* Proyector de 16mm emitiendo luz blanca sobre pantalla.
2. *GRAPHIT.* Película de 16mm, intervenida a mano con grafito y técnica mixta.

3. *CHRYSÓS* (LUZ AMARILLA). Gold film, *loop* de 35mm, instalación. máquina de oro y *performance* con la cinta.

4. *KYANOS* (LUZ AZUL). Película de 16mm intervenida a mano, técnica mixta. INTERLUDIO. Solo con el *rotierender Nullstrahler.*

5. *NÂR* (LUZ ROJA). Proyección doble de película en 16mm, intervenida a mano con técnica mixta y su versión digital con variaciones de ritmo y *tempo.*

6. *GRAPHIT II.* Película digital.

7. *LUZ NEGRA.* Proyección triple: película en 16mm y en 35mm, quimigramas y técnica mixta, y proyector digital.

POSTLUDIO. Rotierender Nullstrahler.

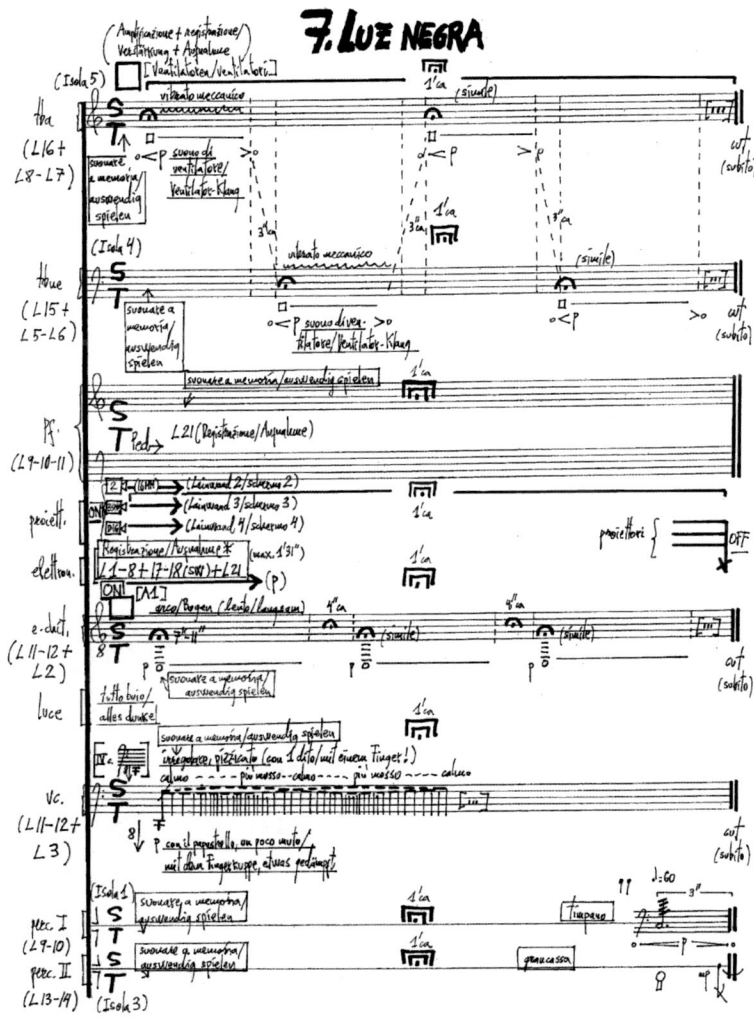

Figura 42. *Alegorías de la luz / Licht-Allegorien.*
Akademie der Künste, Berlin, Festival Kontakte, 2017).
Manuscrito del autor.

El espacio en *Alegorías de la luz* se despliega a través de una gran superficie en la que se sitúan tanto los instrumentistas —rodeando todo el plano en diferentes posiciones— como los cuatro proyectores y sus correspondientes pantallas.

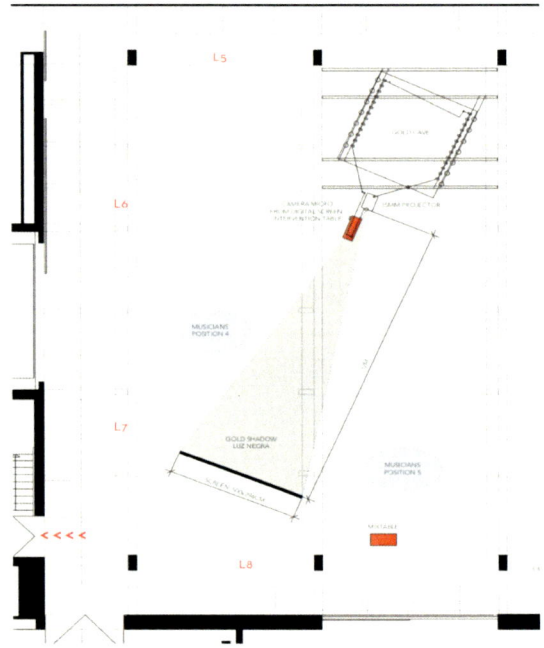

Figura 43. *Alegorías de la luz / Licht-Allegorien.*
Estudio para la disposición del proyector de 35mm en el espacio.
Akademie der Künste, Berlín, Festival Kontakte, 2017.

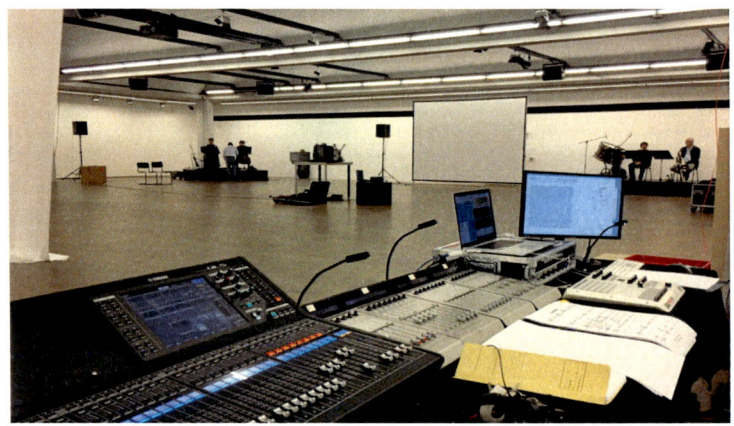

Figura 44. *Alegorías de la luz / Licht-Allegorien.*
Parte del espacio para el desarrollo de la obra.
Akademie der Künste, Berlín, Festival Kontakte, 2027.
Fotografía del autor.

El proyector analógico de 35mm es desarrollado incluso como una propia instalación mecánica, como una escultura que alza el recorrido de la propia cinta (tintada con pan de oro) a una enorme altura; este recorrido es parte escultural del proyector y además se une a su sonido y su rumor como máquina, y a la manipulación en vivo que la propia artista Deneb Martos desarrolla[400]. Es una auténtica *performance* en vivo a través de la manipulación de la cinta y de su resultado en la pantalla de proyección.

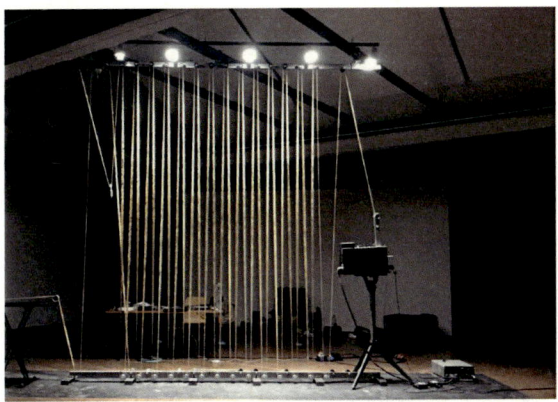

Figura 45. *Alegorías de la luz / Licht-Allegorien.*
Maqueta de estudio del proyector de 35mm.
© Deneb Martos.

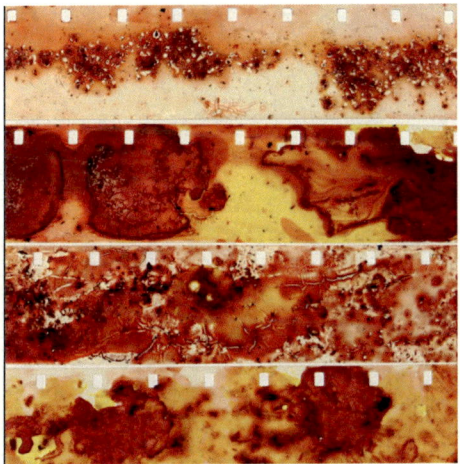

Figura 46. *Alegorías de la luz / Licht-Allegorien.*
Muestra de las películas manipuladas.
© Deneb Martos.

---

[400] Deneb Martos, como fotógrafa, especialista en cine y en este tipo de proyectores analógicos antiguos, fue coautora de *Alegorías de la luz* —en un auténtico proyecto de colaboración interdisciplinar—. Su papel creativo se centró en el desarrollo técnico de los proyectores, la preparación y manipulación de las cintas, el desarrollo del proyector de 35mm como una propia escultura instalativa y la citada manipulación en vivo de la cinta de este proyector durante el desarrollo de la obra.

El ruido de los mecanismos —ventiladores, rotores, etc.— de los proyectores es parte esencial de la obra. Este rumor es exportado, manipulado, amplificado, y constituye una parte esencial de toda la dramaturgia sonora del proyecto; pasa a ser usado tanto en la amplificación como en su implementación dentro de la electrónica en vivo. El sonido de las máquinas es un eje central en *Alegorías de la luz*. A esto hay que sumar la utilización de las bandas ópticas de las películas para ser creadoras de procesos también acústicos. La manipulación de estas cintas con materiales concretos (pan de oro, laca de bombillas, polvo de grafito, etc.)[401] constituye, además, una forma de acentuar un resultado sonoro especial al proyectar no solo las imágenes de los fotogramas, sino también su propio sonido. Todos estos aspectos son parte constitutiva de la dramaturgia del proyecto tanto en los planos visuales como acústicos, en su terreno cinematográfico y en el sonoro o musical.

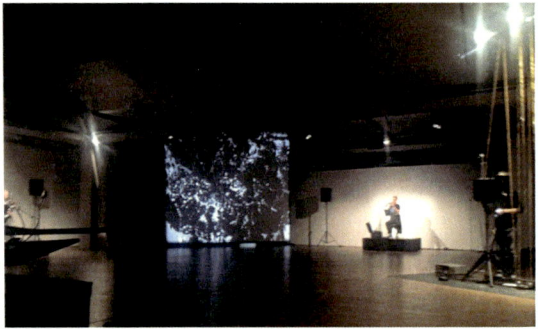

Figura 47. *Alegorías de la luz / Licht–Allegorien.*
Ejemplo del espacio durante un ensayo.
Akademie der Künste, Berlín, Festival Kontakte, 2017.
Fotografía del autor.

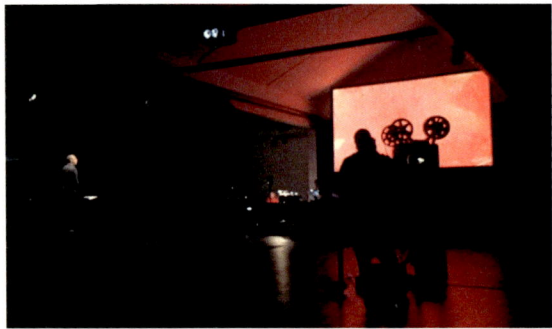

Figura 48. *Alegorías de la luz / Licht–Allegorien.*
Ejemplo del espacio durante un ensayo.
Akademie der Künste, Berlín, Festival Kontakte, 2017.
Fotografía del autor.

---

[401] Los materiales concretos para la preparación de las cintas por parte de la artista Deneb Martos fueron en los movimientos señalados los siguientes: *Chrysos*: pan de oro de 24, 20 y 18 quilates, y mixtión. / *Nâr*: laca de bombillas, goma laca, pintura vitral, ceniza de madera, pigmento mineral férrico. / *Graphit I* y *Graphit II*: polvo de grafito, barra de grafito y mixtión. / *Kyanos*: laca de bombillas, goma laca y cianotipia. / *Luz Negra*: Técnica de quimigramas sobre película de haluros de plata, intervenida con reveladores y fijadores fotográficos.

Las cintas manipuladas con diversos materiales constituyen la esencia de las proyecciones abstractas presentadas en las pantallas. El proyector de la cámara digital, por su lado, proyectaba de modo paralelo el mismo material, pero realizado de forma digital. Ello ahondaba en la reflexión sobre la dialéctica y la confrontación entre las proyecciones analógicas y sus imágenes correspondientes, por un lado, y las proyecciones digitales y las suyas propias, por otro. Y todas confluyendo en ciertos momentos también de forma superpuesta. Los dos siguientes ejemplos son fragmentos de imágenes de algunas de las cintas tintadas y manipuladas al ser proyectadas. La parte artística de Deneb Martos fue esencial para desarrollar esta manipulación de las películas.

La luz juega un papel esencial desde el punto de vista del espacio y de la arquitectura, como con mucha frecuencia ha estudiado y señalado el arquitecto Alberto Campo Baeza. Sin luz no es pensable la arquitectura. El espacio arquitectónico temperado por la luz es como un instrumento musical[402]. Así respira el espacio de *Alegorías de la luz*: una arquitectura transida de los colores y luces, cuatro proyectores dialogando con un espacio diáfano muy amplio. La propuesta ofrece un vínculo íntimo entre el espacio, la luz, los colores, la geometría y los materiales acústicos y visuales puestos en juego[403]. Se puede hablar con Steven Holl de un *continuum experiencial*[404]. En este terreno se debe citar el trabajo que desarrolló el ya citado compositor y arquitecto Iannis Xenakis a través de sus *Politopos*. Estos constituían propuestas que aunaban el espacio, el sonido y la proyección de luces (rayos láser, etc.), vinculando múltiples experiencias para el público participante en ellas[405].

Este desarrollo de los espacios y de la proyección de la luz y los colores surcó terrenos diversos en otros proyectos de gran envergadura que escapan a estas líneas. Ejemplos de esto son *QUALIA -Jardí blau* (2010)[406], que cuenta con una partitura de colores proyectados sobre el espacio escénico de forma paralela a la propia partitura musical —es decir, son dos partituras superpuestas, una de sonidos y otra de colores—, o *Libro de las estancias* (2009)[407]. En este caso no se da esa doble dramaturgia superpues-

---

[402] Cfr. CAMPO BAEZA, Alberto: "De como el espacio arquitectónico es como el instrumento musical", en CAMPO BAEZA, Alberto (ed.): *Un arquitecto es una caja*, Diseño, Buenos Aires, 2013, pp. 14-19.

[403] Cfr. HOLL, Steven: *Cuestiones de percepción. Fenomenología de la arquitectura*, GG, Barcelona, 2011, p. 15.

[404] *Idem.*

[405] El *Politopo de Cluny* —entre otros proyectos como el anterior *Politopo de Montreal* (1967)— se presentó de forma ininterrumpida entre 1972 y 1974 en las termas de Cluny. Aunaba la música electroacústica con elementos visuales como rayos láser, proyección de destellos, uso de espejos, etc. El público podía asistir tumbado dentro de este enorme proyecto de Xenakis que hacía interactuar el oído y la vista con la experiencia integral del espacio.

[406] Obra para barítono, soprano, coro y orquesta de 50 minutos de duración. Fue encargo del Palau de les Arts "Reina Sofía" de Valencia. Se estrenó el 29 de mayo de 2010 en el Palau de les Arts de Valencia por el Coro de la Generalitat Valenciana, la Orquesta de la Comunitat Valenciana; clarinete: Joan E. Lluna, barítono: Miquel Ramon, director: Zubin Mehta. Textos de Raimundo Lulio. Editada por Breitkopf & Härtel.

[407] Obra para contratenor, voz árabe, piano, dos coros, dos grupos de cuerdas, dos grupos de metales (todos espacializados), *auraphon*, electrónica en vivo y dramaturgia de luces. Textos seleccionados de los *Libros plúmbeos* del Sacromonte de Granada, textos sobre Santiago apóstol, y del *Oficio de la Toma de Granada* de H. de Talavera. Obra estrenada el 8 de julio de 2009 en el Festival Internacional de Música y Danza de Granada. Sus intérpretes fueron: contratenor: Carlos Mena, voz árabe: Marcel Pérès, piano: Isabel Puente, Coro de la Generalitat Valenciana, Orquesta Ciudad de Granada, SWR Experimentalstudio de Friburgo (Joachim Haas, Gregorio García Karman), director I: José M. Sánchez-Verdú, director II: Joan Cerveró,

ta, como una tautología, sino que todos los procesos son absolutamente polifónicos: luces y sonidos, colores y espacios, etc. En *Libro de las estancias* el espacio arquitectónico, sobre la base de un cubo, es esencial para plantear un proyecto que aúna lo arquitectónico con el sonido, la luz y los colores, y la espacialidad de las fuentes sonoras de forma inseparable[408].

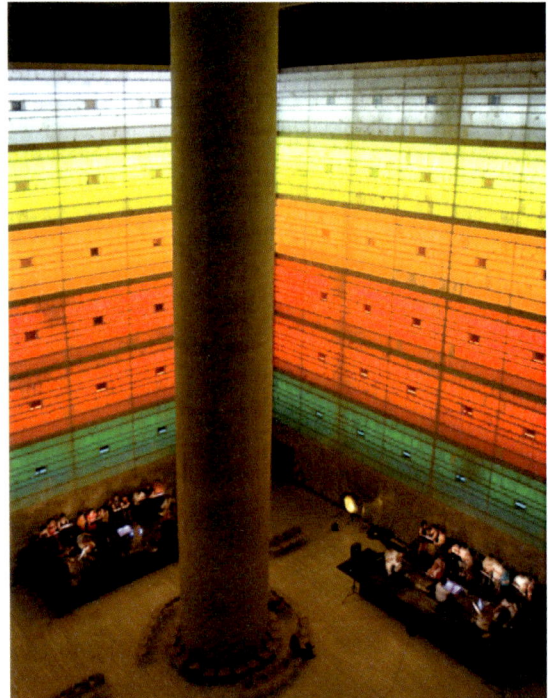

Figura 49. *Libro de las estancias.*
Festival Internacional de Música y Danza de Granada, 2009.
Fotografía del autor.

Y llegamos aquí al final de este texto sobre la repetición en el que se han ido tratando y abriendo innumerables terrenos que reflexionan sobre su importancia en una visión interdiciplinar de la creación artística. Para cerrar este viaje querría apuntar a algunos elementos destacados y diferentes de una de las obras grandes escénico-musicales que conforman mi catálogo de óperas y teatro musical. Se trata de mi tercera ópera, *AURA*[409]. En su configuración, algunos temas como la repetición, el espejo, el

---

Atrio de Caja Granada [Edificio de Alberto Campo Baeza], Festival Internacional de Música y Danza, Granada. Obra editada por Breitkopf & Härtel.

[408] Cfr. SÁNCHEZ-VERDÚ, José María: "Composing in New Synaesthetic and Interdisciplinary Spaces: *Libro de las estancias* (Book of Abodes) as a Musical, Architectural and Visual Installation Proposal", in PÉREZ, Héctor J. (ed.): *Opera and Video. Technology and Spectatorship*, Peter Lang, Berna, 2012, pp. 149-173.

[409] *AURA* fue encargo de la red ENPARTS (Musik der Jahrhunderte Stuttgart, la Biennale di Venecia y Óperadhoy Madrid). Fue estrenada el 31 de mayo de 2009 en el Teatro de la Zarzuela de Madrid. Los intérpretes fueron el Kammerensemble Neue Musik Berlin, Joachim Hass (*Auraphon*, SWR Experimen-

espacio, etc. vuelven a presentar perspectivas para mí enormemente importantes, pero esta vez de la mano de una obra escénica basada en un libreto y en un desarrollo dramático diferentes a los mundos instalativos, instrumentales y vocales antes descritos. *AURA* ofrece una serie de connotaciones interesantes de cara a tratar una dramaturgia musical que envuelve conceptos como el espacio, el tiempo y, sobre todo, la repetición y la identidad. Todos estos elementos están integrados en la música y afectan a la escenografía. Puede decirse que los conceptos de imagen y repetición, y la perspectiva del espejo, son parte constitutiva de su planteamiento.

AURA está basada en el relato homónimo del escritor mexicano Carlos Fuentes (1928-2012), publicado en 1962[410]. Aunque Fuentes no hizo el libreto para esta ópera, una de las más interesantes facetas del proyecto como ópera desde su inicio fue el trabajo conjunto y los encuentros con él para desarrollar el texto. El planteamiento escénico y musical, sin embargo, plasmó una serie de perspectivas que ofrecían una nueva y pluridimensional lectura en cuanto al uso del espacio, de los personajes, de algunos de sus instrumentos y de la interrelación entre ellos: como en una gran red de espejos en la que se diluye la esencia de qué es lo verdadero y qué es su reflejo, qué es original y qué su copia. Es un juego con el *aura* como reflexión estética, en lo teatral y en lo musical, y de una manera destacada también en el terreno polifónico o en el filosófico, como veremos[411].

Carlos Fuentes desarrolló en su relato un ambiente sombrío y psicológicamente muy denso[412]. Todo tiene lugar en el interior de una extraña y oscura casa con varias inquietantes habitaciones y estancias de paso. La oscuridad y lo claustrofóbico envuelven todo el interior. Tres personajes se dirigen hacia un final que es al mismo tiempo un principio, o tal vez un eterno retorno. Una señora (Consuelo) y su sobrina (Aura), habitantes de la casa, reciben al joven Felipe Montero, que debe cumplir con el trabajo de ordenar y redactar las memorias dejadas incompletas por el difunto marido de la señora Consuelo (el General Llorente). Los hechos y el tiempo se precipitan en círculos concéntricos, creando una espiral tremenda que se va acelerando en el camino hacia la resolución del relato. Felipe, desde el inicio, queda enamorado de Aura, y ambos inician una serie de encuentros amorosos en los que el eco del horror siempre está al acecho y va creciendo. Las voces protagonistas son tres: soprano, mezzosoprano

talstudio de Friburgo), el dúo Alberdi-Aizpiolea (acordeones) y los Neue Vocalsolisten Stuttgart, todos bajo la dirección musical de Sánchez-Verdú. La puesta en escena fue de Susanne Øglaend, vestuario y escenografía de Mascha Mazur, iluminación de Andreas Fuchs y vídeo de Jan Speckenbach.

[410] FUENTES, Carlos: *Aura*, Ediciones Era, Ciudad de México, 1962.

[411] Cfr SÁNCHEZ-VERDÚ, José María: "Schrift und Aura im Musiktheater", en HIEKEL, Jörn Peter (ed.): *Neue Musik in Bewegung. Musik und Tanztheater heute*, Schott, Maguncia, 2011, pp. 79-101.

[412] La temática de este relato trasciende la propia escritura de Carlos Fuentes por cuanto que es sorprendente observar cómo esta historia, entre terrorífica, erótica y necrofílica, aparece desgranada y relatada con diferentes matices y puntos de vista a lo largo de la historia. Ejemplos de este tema los encontramos en la literatura japonesa en los famosos relatos del *Genji Monogatari* (*La novela de Genji,* siglo XI), en el film de Kenji Mizoguchi *Ugetsu monogatari* (*Cuentos de la luna pálida*, 1953) o en la novela *La dama de las camelias* (1848), de Alejandro Dumas (hijo), que inspiraría *La traviata* de Verdi (1853). El mismo Fuentes habla de todos estos estratos en su relato. La obra parece ser, pues, un eslabón más en una cadena que trasciende una misma historia variada a través de diferentes culturas, tiempos y espacios.

y bajo. Encarnan los tres papeles del relato: Aura, Consuelo y Felipe. Hay, además, dos voces que actúan "desde la lejanía", casi como un coro griego que sigue el relato. El ensemble instrumental (de diez instrumentistas)[413] es novedoso por su situación en la escena, a ambos lados y fuera de esta (el aspecto espacial es muy destacado en su desarrollo) y por la conjunción de instrumentos insólitos, instrumentos antiguos y la misma interrelación que tienen todos entre sí, como se verá más abajo; a ello se le suma el papel transcendental en la creación y en la escucha de espacios virtuales a través de la participación del *auraphon*, un proceso instalativo sonoro que describiré enseguida. *AURA* convive con la idea de lo instalativo, y crea una serie de espacios que son articulados en varios niveles superpuestos; algunos de ellos son espacios reales, *representados* (una instalación e incluso una especie de *tableau vivant*); otros son espacios *virtuales*, creados solo a partir de una configuración de espejos sonoros (desde el eco hasta el *aura*) producidos a través del citado *auraphon* y su interacción directa y en vivo con los cantantes e instrumentistas[414].

La partitura de *AURA*[415] está formada por una introducción, once escenas y tres interludios. 11 + 1 (introducción) da como suma el 12, que encarna la trama numérica de los personajes sobre la escena: Felipe + Aura / Consuelo. De hecho, la joven y hermosa Aura es, a la vez, la misma vieja, la señora Consuelo, o su proyección. Solo al final del relato se desvela esta situación, no sin sorpresa y horror de Felipe; y el mismo Felipe fue y es —como también descubre— el General Llorente, el difunto marido de la señora Consuelo. Las diferentes situaciones dramáticas responden a una alternancia de espacios distintos que definen el interior claustrofóbico de la casa. La habitación de Consuelo, la de Aura, la de Felipe, así como el comedor —punto recurrente de encuentro entre los personajes—, la cocina o un pasillo constituyen escenas, espacios dramáticos y psicológicos, habitáculos de diferentes oscuridades, aromas y sombras, estancias de tránsito en ese periplo que trazan los tres personajes del relato. Rainer Pöllmann ha señalado con respecto a este tema en *AURA* que

> Los diálogos se restringen a cortas y significativas frases. No hay una acción continuada sino sobre todo luces emergentes sobre aspectos psicológicos. Más importante que la acción concreta es la vida interior de las figuras, que se desenvuelven en una cierta atmósfera de acechante y continua opresión. Y esta aumenta en las escenas más fuertemente configuradas por el diálogo en las que la música toma una parte esencial, sobre todo en el propio desarrollo interno[416].

Para el desarrollo de esta red de espejos, de ecos, para este juego de copias y multiplicaciones, hay que acercarse al citado *auraphon*. ¿Qué es exactamente? Para la

---

[413] El ensemble está formado por diez músicos: dos acordeones situados a derecha e izquierda del escenario, flauta de pico (la soprano estándar y la contrabajo en Fa modelo Paetzold) —a la derecha del escenario—, una flauta baja en Do —a la izquierda—, una tuba baja en Fa que está en la lejanía, detrás del escenario, y un quinteto de cuerda situado delante, de forma frontal.

[414] Véase LEHMANN, Hans-Thies: *Postdramatisches Theater*, pp. 291 y ss.

[415] La partitura está editada por Breitkopf & Härtel (Wiesbaden).

[416] Texto escrito por Rainer Pöllmann para el booklet del CD *AURA* de *KAIROS*.

interacción entre la escena, el espacio y el sonido el autor de estas líneas desarrolló a partir de 2008 en el SWR Experimentalstudio de Friburgo —con la colaboración técnica del ingeniero de sonido Joachim Haas— la proyección y construcción de un nuevo instrumento acústico integrado también en la partitura. El nombre que le di fue *auraphon*.[417] El *auraphonist* es el intérprete que, desde cierta distancia y abarcando todo el espacio, sigue la partitura y controla todos los niveles del *auraphon* a través de la mesa de sonido. La función acústica y dramatúrgica del *auraphon* juega un papel muy importante en *AURA*. El *auraphon* está formado por tres tam-tams y dos gongs que rodean la escenografía, como creando un anfiteatro que la envuelve: el público es invitado a entrar solo acústicamente en el espacio de la casa y a percibir los diferentes espacios virtuales que produce el *auraphon,* así como a seguir la propia dramaturgia que esta instalación desarrolla en la obra. En este caso el público está dispuesto de forma tradicional, sentado de frente a esta escenografía.

Los instrumentos del *auraphon* pueden producir un sonido tipo *tenuto* —distinto en cada instrumento constitutivo de esta instalación— que es controlado e impulsado desde la citada mesa de sonido: es decir, nadie debe hacerlos sonar de forma tradicional, mediante golpeo o frotamiento, durante toda la obra, y ahí reside también una parte de ese halo de misterio fantasmagórico de lo incomprensible, de esa forma de ausencia, del *aura* que en definitiva produce este *auraphon* al sonar de forma individual o en conexión "aurática" o resonante de fuentes sonoras que ejercen como impulsos (cantantes e instrumentistas concretos). De hecho, la visualización del *auraphon* es una parte especial de la escenografía: sus instrumentos vibran solos, y en *tenuto* llegan a adquirir dinámicas muy resonantes y enormes en *fff*. Además de esta resonancia en *tenuto*, el *auraphon* está conectado con cada uno de los cantantes e instrumentistas (a excepción de la cuerda) mediante micrófonos de contacto y a través de la mesa de sonido y un ordenador; así, cada instrumento produce un tipo de resonancia distinta en los tam-tams y/o gongs correspondientes. De esta manera el *auraphon* se transforma en un *aura* continua, en un espejo controlado desde la mesa de sonido que crea diferentes espacios virtuales y envuelve de diversas formas a los cantantes e instrumentistas.

Esta instalación, denominada así desde un primer proyecto anterior de título *ENGELSTUDIEN*[418], *articula la participación de diferentes instrumentos resonantes situados en el espacio de maneras concretas.* El *auraphon* no es solo una instalación, como se ha

---

[417] Aunque el primer proyecto de *auraphon* nace de su aplicación a la ópera *AURA* —más exactamente con su décima escena, *ENGELSTUDIEN*, que se estrenó de forma independiente previamente—, su utilización es ampliable a otros proyectos distintos, algunos ya realizados, en los que se redefinen los elementos del propio *auraphon* adoptándolos a nuevos espacios y a los planteamientos musicales y espaciales de las nuevas obras. Un ejemplo es el *auraphon* dispuesto para la obra de una hora de duración *Libro de las estancias*, ya citada, o *Elogio del tránsito*, para saxofón bajo / contrabajo, *auraphon* y gran orquesta, de 2010, o —entre otras más— la obra escénico-musical *ATLAS -Islas de utopía*, de 2012.

[418] La primera vez que el autor de este texto plasmó la idea del *auraphon* fue en la obra *ENGELSTU-DIEN*, para cinco solistas vocales y *auraphon* (consistente en este caso en tres gongs y dos tam-tams espacializados en la escena). El estreno tuvo lugar el 12 de enero de 2009 en el Theaterhaus de Stuttgart, dentro del festival *ECLAT*, a cargo de los Neue Vocalsolisten Stuttgart y el SWR Experimentalstudio de Friburgo. El *auraphonist* fue Joachim Haas. La partitura está editada por Breitkopf & Härtel.

señalado: es un proceso, y como tal en las diversas obras en que se ha planteado se ha constituido de maneras distintas en relación a su instrumental, al uso del espacio o a las interrelaciones entre voces e instrumentos con tipologías de resultados muy diversas. Cada proyecto contempla una procesualidad distinta en cuanto a la función espacial y musical (acústica) del *auraphon*. Este, además, parte del interés por crear un "aura", un espacio de resonancias en el que una serie determinada de instrumentos resonantes (gongs, tam-tams, láminas de aluminio, espejos de metal, instrumentos de madera, etc.) situados en la escena o en torno al público (como es el caso de *Libro de las estancias* o el de *ATLAS −Islas de utopía*). Estos interactúan con instrumentistas y con voces, a veces de forma independiente y a veces como verdadera reacción directa con todos ellos. Son instrumentos resonantes que no son tocados por nadie, sino que actúan de forma autónoma, controlados desde la mesa de sonido como resultado de impulsos que se originan en las señales acústicas de los cantantes y de los instrumentistas. Cumplen un papel acústico y visual de primer orden, cercano a una instalación interactiva que fue enormemente interesante desde un inicio.

El ejemplo siguiente expone el *setup* del *auraphon* para *AURA*.

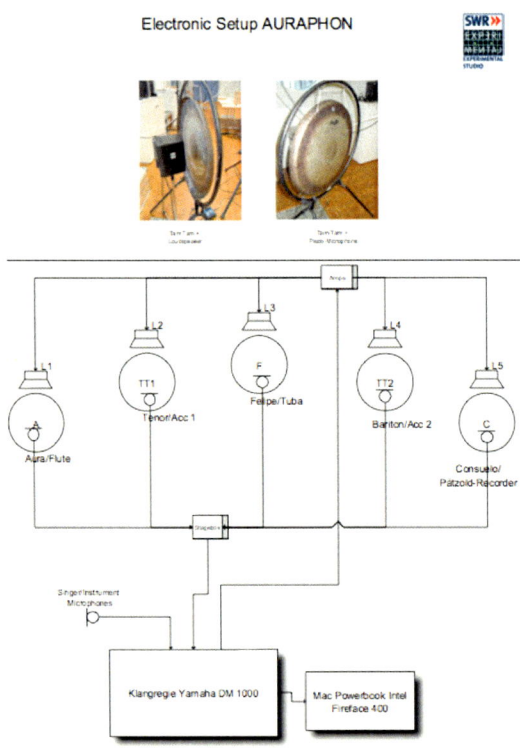

Figura 50. Setup del *auraphon* para *AURA* (2009).
© Breitkopf & Härtel (Wiesbaden).

Sería más conveniente hablar del *auraphon* no como un instrumento instalativo, sino como un *metainstrumento*, ya que enlaza lo espacial con lo sonoro. La escenografía posee una dimensión sonora dentro de la obra y su trazado acústico viene determinado e ideado desde el mismo proceso compositivo: es parte integrante y fundamental de la partitura[419]. Interesante en este sentido es que las diferentes escenas de la ópera cambian la profundidad de su resonancia mediante el uso particular del *auraphon* en cada una de ellas. Los cambios de escena pueden ser percibidos, así, de manera diversa a través de los cambios de acústica: cada espacio de la casa de la novela de Fuentes tiene su propia acústica. El sonido, de este modo, ofrece la posibilidad de cambiar el escenario de forma virtual a través del oído, y no solo visualmente.

Más arriba he señalado que el *auraphon* puede contener y nacer de una reflexión filosófica también en su propia esencia. Y es que el concepto de *aura* adquirió una dimensión muy importante en la reflexión filosófica en torno al desarrollo musical y conceptual del *auraphon*. Walter Benjamin trató este concepto de *aura* primeramente en su pequeño artículo sobre la fotografía (*Pequeña historia de la fotografía*, de 1931), y posteriormente en las dos primeras redacciones del libro *La obra de arte en la época de su reproducibilidad técnica*, de 1935 y 1936, respectivamente. Benjamin definió el *aura* como "una trama muy particular de espacio y tiempo: irrepetible aparición de una lejanía, por más cerca que esta pueda estar"[420]. Para Benjamin la recepción del *aura* es una característica del arte desacralizado, como ha sido desde el mismo Renacimiento[421]. En Benjamin "la recepción aurática depende de las categorías de unicidad y autenticidad"[422]. En el sentido dado por Walter Benjamin a este concepto de *aura* se ha señalado que "la tecnología de la reproducción destroza el valor de la unicidad: no hay ningún original más. El arte se convierte en una parte de lo político"[423]. El diálogo entre presencia y ausencia se alza como temática de reflexión ante la posibilidad de reproducción de la obra de arte. Si las primeras dimensiones de la presencia eran, con Kant, el espacio y el tiempo, tras el cambio en el concepto de presencia se puede concluir que el espacio y el tiempo ya no vienen dados, sino que son construidos y realizados; en el mundo de lo *performativo* la presencia no se desarrolla en el tiempo y en un espacio, sino que crea su propio tiempo y espacio: "el *hic et nunc* que entran en juego no dependen más del *aura*"[424].

La reflexión de Benjamin sobre el *aura* en relación con la obra de arte en general y más en particular con la fotografía[425] está presente en la concepción del *auraphon* como metainstrumento para crear el *aura* en muy diversos niveles. En palabras de Benjamin:

---

[419] En cada realización y puesta en escena de esta obra se deben respetar de manera escrupulosa estos elementos que influyen muy directamente en el espacio, en la escenografía, y por tanto en planos que no son única y estrictamente musicales.

[420] BENJAMIN, Walter: "Pequeña historia de la fotografía", en *Obras*, libro II/ vol. 1, Abada, Madrid, pp. 378 y ss.

[421] Cfr. BÜRGER, Peter: *La teoría de la vanguardia*, Las Cuarenta, Buenos Aires, 2010, p. 39.

[422] *Idem.*

[423] DANIEL, Charles: *Zeitspielräume. Performance Musik Ästhetik*, Merve, 1989, pp. 75-76.

[424] *Ibid.*, p. 79.

[425] *Ibid.*, p. 16.

Pero, ¿qué es el aura? El entretejerse siempre extraño del espacio y el tiempo; la irrepetible aparición de una lejanía, y esto por más cerca que se halle. Descansando una tarde de verano, ir siguiendo la línea de unas montañas en el horizonte o la de una rama que arroja su sombra sobre la figura del observador, hasta que la hora o el instante participen de esa aparición: porque esto ya es respirar el aura de aquellas montañas, de esa rama[426].

Benjamin parece hacer referencia a una impresión básicamente visual al tratar este tema. Su reflexión sobre este tema a partir de un diálogo con Adorno no parece llegar a conclusiones claras[427]. En todo caso, la reproductibilidad del sonido ya era una realidad en cuanto a las posibilidades de grabaciones de audio en su época. En la tercera redacción que hace de su *La obra de arte…* Benjamin compara, en una cita de Paul Valéry, la llegada de las imágenes y del sonido musical (*Tonfolge*) con la llegada del agua, el gas o la electricidad a las casas de una ciudad. Esta problemática queda, sin embargo, sin una clara solución desde un punto de vista teórico en la obra de Benjamin. Ello no deja de hacer patente el carácter visionario de Benjamin y de Valéry al ofrecer esta correspondencia con la llegada de las imágenes y del sonido al ámbito de los ciudadanos, pues hoy es totalmente una realidad: el sonido, en todas sus posibilidades, es ubicuo y nos rodea en todos los espacios de la vida y a través de formas tecnológicas inimaginables.

Benjamin articula una doble tipología del concepto de *aura*: un *aura* original que posee su origen en el culto y el ritual, marcando a sus portadores —hombre, cosa y obra de arte— con los caracteres de lo irrepetible y su inaccesible lejanía[428], y un *aura* como reacción frente a la decadencia histórica del propio *aura*, en la medida en que representa la restauración ambigua de formas de percepción arcaicas[429].

La relación entre original y copia[430], aquí de enorme importancia —tanto desde el punto de vista filosófico como desde el planteamiento musical y escénico— constituyó ya a principios del siglo XX un tema de reflexión para el mismo Benjamin: "la reproductibilidad técnica emancipa por vez primera en la historia universal a la obra de arte de su existencia parasitaria en un ritual"[431]. Un ritual "desecularizado", en palabras del propio Benjamin[432]. Y esto es lo que desarrolla la instalación espacial y sonora del *auraphon* en *AURA*: un ritual de espejos cruzados, de repeticiones, de ecos dramáticos, de resonancias entre el pasado, el presente y el futuro; una exposición de personajes, textos y confrontaciones multiplicados y plasmados en diversos niveles al mismo tiem-

---

[426] BENJAMIN, Walter: "Pequeña historia de la fotografía", *op. cit.*, p. 394.

[427] Cfr. ETTE, Wolfram: "Benjamins Reproduktionsaufsatz und die Musik", en KLEIN, Tobias Robert (ed.): *Klang und Musik bei Walter Bejamin*, W. Fink, Múnich, 2013, pp. 143-144.

[428] FÜRNKÄS, Josef: *op. cit.*, p. 150.

[429] *Ibid.*, p. 151.

[430] El mismo mito platónico de la caverna (del libro VII de la *República*) plantea también una reflexión sobre aspectos como la imagen, el original, la copia, la proyección, etc., y crea un cuestionamiento sobre el origen del conocimiento humano. La realidad y sus sombras son objeto de observación crítica por parte de Platón.

[431] BENJAMIN, Walter: *Das Kunstwerk…*, p. 17.

[432] *Ibid.*, pp. 16-17.

po. Esta relación entre original y copia ha devenido un tema muy recurrente y actual en el terreno de los debates postmodernos[433], sobre todo ante los nuevos desarrollos tecnológicos, los medios de comunicación de masas, las redes sociales, etc. "Uno se encuentra en la época de la reproductividad digital siempre ya *en cita* […], original y copia no son más distinguibles"[434]. En un inmenso nuevo territorio intertextual y superdigitalizado los procesos de repetición, copia, paráfrasis, serialización, etc., avocan a procesos continuos con implicaciones estéticas, sociológicas, etc., que determinan géneros como el *collage*, el *remake*, el *sampling*, y muchos otros ya citados[435]. Ante el nuevo arte de la fotografía sobre el que escribía Walter Benjamin a principios del siglo XX, o más tarde Susan Sontag[436], se puede afirmar que "la imagen fotográfica había roto con el mito de la caverna"[437]. Para algunos autores la fotografía se había convertido ya en pura mímesis, en una copia perfecta[438].

La iteración y los procesos rizomáticos han estado presentes en los citados estudios de Deleuze y Guattari al describir nuevos modelos de reproducción, modelos multiplicados a través de procesos de la naturaleza, de nuevas formas de interconexión de redes, etc[439]. Por un lado, se ha estudiado el tema de las simulaciones por ordenador: ¿se trata de copias sin un original?[440]; y por otro, se ha atendido más recientemente a la estética de la reproducción y la copia (en el sentido de la falsificación) en la cultura china a través del filósofo Byung-Chul Han[441]. El propio Han escribe a este respecto que

> la idea de original está estrechamente entrelazada con la de verdad, y la verdad es una técnica cultural que atenta contra el cambio por medio de la exclusión y la trascendencia. Los chinos aplican otra técnica cultural, que opera con la inclusión y la inmanencia. Solo en el terreno de esta última es posible relacionarse con las copias y las reproducciones de manera libre y productiva[442].

Han, al estudiar el arte de la copia y la falsificación en el pensamiento cultural chino, hace observaciones muy importantes que marcan precisamente la distinción entre Europa y el lejano Oriente en este contexto. La diferencia entre original y copia —como ya se ha tratado antes— no se plantea, por ejemplo, en la restauración de

---

[433] Cfr. FEHRMANN, Gisela, LINZ, Erika, SCHUMACHER, Eckhard y WEINGART, Brigitte (eds.): "Originalkopie. Praktiken des Sekündaren – Eine Einleitung", en *Originalkopie. Praktiken des Sekündaren*, DuMont, Colonia, 2004, p. 7.

[434] *Idem.*

[435] *Ibid.*, p. 8.

[436] SONTAG, Susan: *Sobre la fotografía*, Alfaguara, Madrid, 2005.

[437] DALMAU, Carmen: *Elogio de la mirada. En torno a la fotografía*, Clavoardiendo, Madrid, 2023, p. 103.

[438] *Idem.*

[439] Especialmente en las referencias al concepto de "rizoma" (véase DELEUZE, Gille, y GUATTARI, Félix: *Mil mesetas…, op. cit.*).

[440] SCHRÖTER, Jens: "Computer/Simulation. Kopie ohne Original oder das Original kontrollierende Kopie?", en FEHRMANN, Gisela, LINZ, Erika, SCHUMACHER, Eckhard, WEINGART, Brigitte (eds.): *op. cit.*, pp. 139-155.

[441] HAN, Byung-Chul: *SHANZHAI. El arte de la falsificación y la deconstrucción en China*, Cajanegra, Madrid, 2016.

[442] *Idem.*

121

los templos en el mundo oriental: los elementos usados para sustituir materiales antiguos pasan a ser originales[443]. Las partes antiguas sustituidas se desechan. En cambio, en Europa, estas partes (las "originales") se cuidan e idolatran. Incluso son tratadas como si fueran reliquias[444]. El concepto de original y la categoría de la falsificación han adquirido también un interés especial en el mundo occidental a partir de diversas formas de cuestionamiento del concepto de autoría, de los derechos de autor, de los márgenes que se dan en la explotación de las industrias culturales, en populismos de diverso signo y en las nuevas formas de apropiación en la sociedad capitalista actual[445].

A diferencia de este mundo occidental, en el terreno de la imagen en China el citado Han ha señalado que

> las imágenes chinas de la ausencia, contrariamente, no tienen alma. No se aferran a la identidad por medio de la autoría o el testimonio. Su falta de perspectiva y de subjetividad hace que no tengan mirada[446].

Para otros autores actuales hay muchas pruebas y argumentos que justifican la existencia y validez de la copia como realidad que debe ser alejada de la "mala fama" que ha poseído de forma injusta en el ámbito humano y en la cultura[447]. En este contexto lo podemos vincular de nuevo —desde un punto de vista ontológico— con la paradoja que ofrece "la nave de Teseo", tema ya apuntado varias veces anteriormente. Tras el concepto de "originalidad copiada" de la socióloga y experta en moda Elena Esposito, von Gehlen remarca las palabras de ella y señala que "en una sociedad en la que la originalidad es altamente valorada el seguimiento de la moda es la única (¿o última?) forma disponible de imitación [*Nachahmung*]"[448]. Para el filósofo y crítico de arte Boris Groys, finalmente, "una copia nunca es realmente una copia; sino más bien un nuevo original en un nuevo contexto"[449]. Por eso "el proyecto postmoderno —inspirado por Benjamin— que reflexiona sobre el carácter repetitivo, iterativo y reproductivo de una imagen es tan paradójico como el proyecto moderno de reconocer lo original y lo nuevo"[450].

La reflexión sobre los conceptos de original y copia se da cita en el desarrollo del *auraphon* —como instrumento musical y como instalación efectiva— y en el uso del espacio, de las resonancias, los ecos, espejos y de los diferentes desdoblamientos de los instrumentistas y cantantes en los proyectos con *auraphon*. El *auraphon* como proceso conlleva un escenario de repeticiones, de reproducciones en distintos niveles, como

[443] *Ibid.*, p. 63.

[444] *Idem.*

[445] Cfr. REULECKE, Anne-Kathrin (ed.): *Fälschungen. Zur Autorschaft und Beweis in Wissenschaften und Künsten*, Suhrkamp, Fráncfort del Meno, 2006.

[446] HAN, *op. cit.*, p. 57.

[447] GEHLEN, Dirk von: *Mashup. Lob der Kopie*, Suhrkamp, Berlín, 2011, p. 63.

[448] ESPOSITO, Elena: *Die Verbindlichkeit des Vorübergehenden: Paradoxien der Mode*, Suhrkamp, Fráncfort del Meno, 2004, p. 19.

[449] GROYS, Boris: *Volverse público. Las transformaciones del arte en el ágora contemporánea*, Caja Negra, Buenos Aires, 2019, p. 65.

[450] *Idem.*

un teatro de espejos contenido en la partitura e "interpretado" sobre el terreno de su desarrollo escénico. Esta repetición, esta multiplicación en espejos, juega con la imaginación del espectador en el sentido en que habla Deleuze:

> […] la repetición es, en su esencia, imaginaria, puesto que sólo la imaginación forma aquí el "momento" de la vis repetitiva […]. La repetición imaginaria no es una falsa repetición, que vendría a suplir la ausencia de la verdadera; la verdadera repetición es imaginación[451].

La repetición es una constante en muchas formas de creación; no es solo algo esencial en algunas culturas del mundo desde un punto de vista místico y hasta fisiológico o corporal[452], sino que también en determinadas formas de creación de artistas occidentales más actuales ha jugado un papel esencial desde el punto de vista de la forma, de su presentación o de la articulación de sus materiales. En el mundo del teatro (campo del gesto, del contenido semántico de la palabra) y en el del espacio (el "no-lugar", una más de las "heterotopías" de que hablaba Michel Foucault) la repetición adquiere una energía especial de gran importancia, aunque nunca se produzca una repetición real: lo repetido acontece siempre en otro momento temporal distinto del original, y además

> No se trata de la significación del acontecer repetido, sino la significación misma de la percepción repetida. Tua res agitur: la estética temporal [Zeitästhetik] convierte la escena en lugar de observación de la reflexión del acto de ver por parte del espectador[453].

El *auraphon* crea un juego de espejos entre las identidades de los personajes de la obra literaria en que se basa. Multiplica los sonidos originales de estos y de algunos instrumentos concretos, reproduciéndolos en espacios diferentes predeterminados y estudiados previamente. El sonido se vuelve espacio. Y los conceptos de posición en el espacio y la dialéctica original-copia adquieren una dimensión especial en la que se cuestionan estos temas ya tratados. El *auraphon* articula, pues, los diferentes espacios acústicos de las escenas. En el ejemplo siguiente se pueden ver, rodeando la escena, algunos de los instrumentos que constituyen el *auraphon* (gongs y tam-tams). A este *aura* acústica (como sonido y como posibilidad de crear acústicas virtuales) se le suma en este caso (es en la producción de *AURA* en Hamburgo en 2011) la posibilidad de ampliar el *aura* al elemento visual. La directora de escena Mirella Weingarten usó la superficie del agua (véase la fotografía) como espacio en el que proyectar las señales acústicas, de modo que las ondas visuales producidas sobre ella (mediante altavoces en el agua) eran tomadas por una cámara dispuesta encima en vivo, y esta señal era envia-

---

[451] DELEUZE, Gilles: *Diferencia y repetición…*, p. 127.
[452] MERSMANN, Birgit: "Bild-Fortpflanzungen, Multiplikationen und Modulationen als iterative Kulturpraktiken in Ostasien", in FEHRMANN, Gisela, LINZ, Erika, SCHUMACHER, Eckhart y WEINGART, Brigitte (eds.): *Originalkopie. Praktiken des Sekundären*, Colonia, 2004, pp. 224-241.
[453] LEHMANN, Hans-Thies: *op. cit.*, p. 337.

da a la pared situada detrás de la escena en la que se podía contemplar el movimiento "aurático" de esa superficie del agua. Quiere esto decir que las acciones acústicas de los personajes e instrumentos de esta ópera podían producir dos resultados en vivo: uno acústico y otro visual. La idea del *auraphon* plantea estas dos formas de percepción como elementos de la ópera.

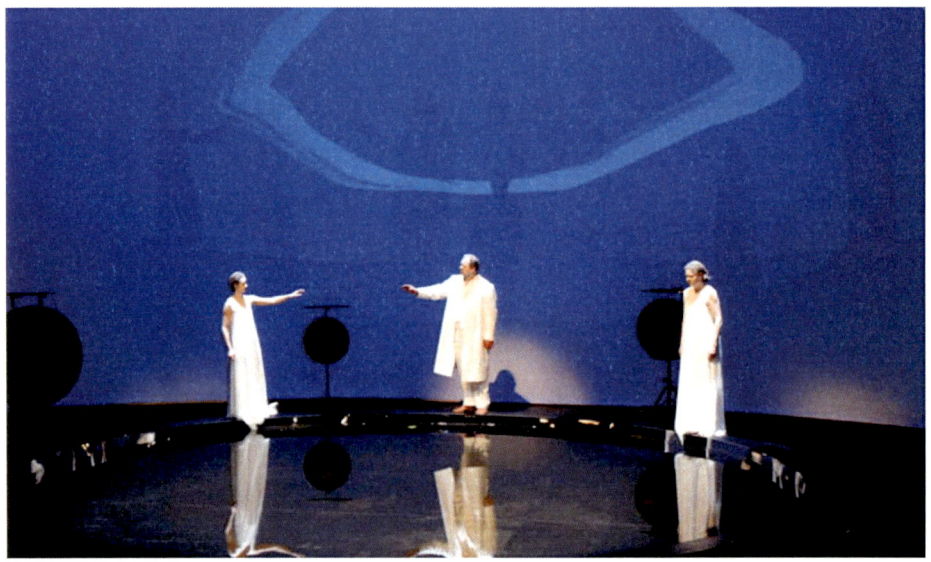

Figura 51. *AURA.*
Producción del Festival Ostertöne de Hamburgo en 2011.
© Mirella Weingarten.

Esta vinculación entre lo original y su copia, entre lo ritual y lo sagrado y, finalmente, la descontextualización de estos aspectos es lo que tiene lugar en esta obra escénico-musical. *AURA* presenta un ritual de repeticiones, de espejos cruzados, de ecos dramáticos, de resonancias entre el pasado, el presente y el futuro de los personajes del relato, así como su multiplicación en los terrenos teatral y musical: existen, además, en diversos niveles al mismo tiempo. Aura, la joven del relato, existe también como duplicidad en su versión instrumental, la flauta. Lo mismo ocurre con Consuelo en relación a la flauta de pico Paezold o a Felipe con la tuba baja fuera de la escena. Los instrumentos son desdoblamientos de los personajes. A su vez, las dos "voces en la lejanía" (*Fernstimmen*) tienen su corporeidad en los dos acordeones. Y todos ellos —protagonistas, voces "en la lejanía" e instrumentos citados— poseen además su *aura* en la percepción espacial y sonora a través de la instalación del *auraphon* y de su consecuente multiplicación y copias en los espacios real y virtual de la obra. Todos poseen su *aura* en una forma y lugar concretos dentro de la estructura técnica y espacial que desarrolla el *auraphon*.

Esta repetición, esta multiplicación en espejos, juega con la imaginación del espectador. El sonido y todas sus resonancias conviven en un gran espacio de escucha y en todos sus múltiples estratos de significaciones y posibilidades: la obra y la historia

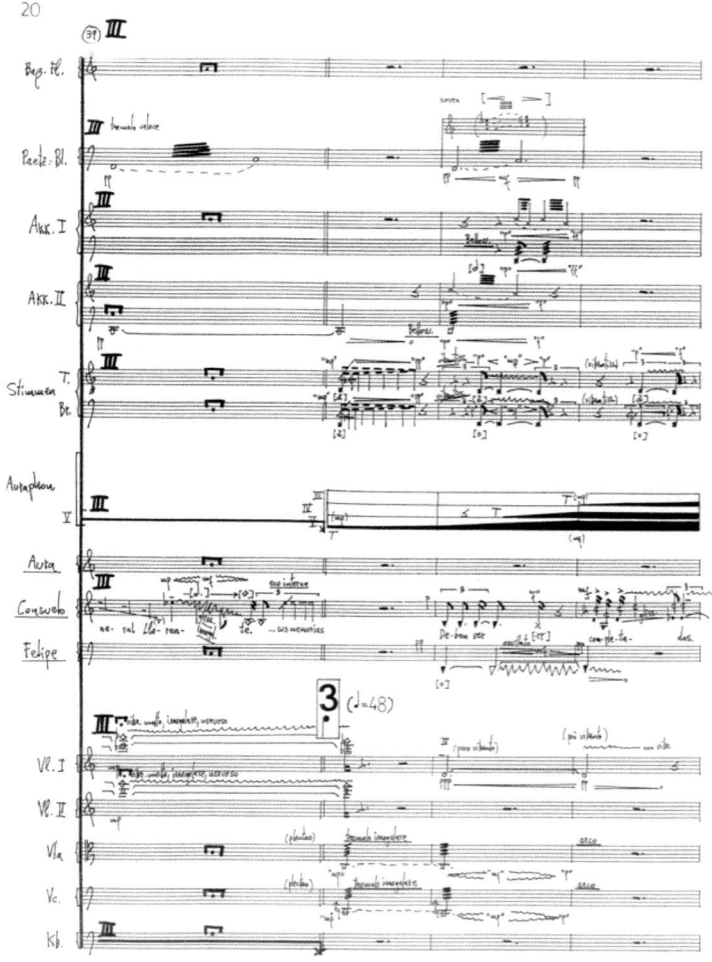

Figura 52. José María Sánchez-Verdú. *AURA.*
Página 20 de la partitura.
© Breitkopf & Härtel (Wiesbaden).

que se relatan no están hechas tanto para entender, sino para vivir en un espacio y en un tiempo, ambos acústicos y pluridimensionales. Como en el caso de Robert Wilson y su concepción del teatro, "la acción completa de la escena [sirve] para vivirla como suceso […], en lugar de fragmentar la correspondiente obra para obtener muestras de significados"[454]. En este sentido, por ejemplo, el Teatro *Nôh* japonés es una muestra fascinante de esta absoluta integración de todos los elementos puestos en juego para lograr una entidad superior.

En el siguiente ejemplo se puede observar la integración del *auraphon* en la propia partitura musical, como parte esencial de ella. El *auraphon* hace interactuar las dife-

---

[454] WILTS, Bettina: *Zeit, Raum und Licht – Vom Bauhaustheater zur Gegenwart*, VDG Verlag, Weimar, 2004, p. 231.

rentes fuentes reales de sonido entre sí, y, además, las expande en el espacio: la partitura recoge no solo el sonido, sino también la espacialidad manipulable en cada momento de la dramaturgia de los espacios y sus diversos niveles dinámicos.

La conjunción final entre las dos mujeres del relato, Aura y Consuelo, es un proceso contrario al de la repetición o copia: las dos voces confluyen en un lento proceso durante toda la ópera hacia una unicidad, hacia un mismo tipo de voz y canto. Los diferentes niveles o espejos que constituyen la figura de Aura/Consuelo convergen en una única persona que, sin embargo, es múltiple: es su yo y sus *auras*, es Consuelo, pero también es Aura… El *Doppelgänger* romántico antes citado de Jean Paul o E.T.A. Hoffmann planea en el desarrollo de la obra. En el espacio y en el tiempo Aura y Consuelo siempre eran, son y serán la misma persona. Felipe/General Llorente es el objetivo ansiado para retener ese tiempo. El *aura* nos habla y cuenta que lo original no existe… todo es espejo, y detrás de él solo se refleja el eco de la ausencia.

La repetición, en música y en otras disciplinas sucintamente aquí tratadas a partir de algunos nombres y ejemplos, se alza como centro de todo un juego poético de imágenes y espejos desde antiguo hasta el arte actual. En mundos de cariz contemplativo, en cierto hermetismo neoplatónico, en reflexiones interdisciplinares en las que las diferentes disciplinas se disuelven en una *poesis* cargada de expresión, etc., las propuestas que han acompañado estas líneas son vericuetos de un camino, itinerarios por los que un compositor, desde el sonido, cual *viator,* vive y se mueve en otras manifestaciones sensoriales, artísticas y en comunión con el conocimiento en la sociedad en que vivimos. En todas estas realidades estamos y somos. En todas ellas nos reflejamos y nos repetimos en nuestra memoria.

Excelentísimas señoras académicas, excelentísimos señores académicos, amigos todos.

La alegría de encargarme, en nombre de esta Real Academia, de realizar la contestación al discurso de ingreso de un nuevo académico numerario se multiplica ante el hecho de encontrarme respondiendo a un gran trabajo de un compositor de primera categoría internacional que además es un entrañable amigo. Y porque en una larga ejecutoria como miembro de esta institución y habiendo respondido ya a varios discursos de ingreso, esta es la primera vez que contesto a un compositor y además a uno de rango muy alto.

José María Sánchez-Verdú accede a la medalla número 47 que ostentó otro importantísimo compositor, Luis de Pablo, una de las grandes figuras de la creación sonora española de todos los tiempos con quien comparte muchos puntos coincidentes, puesto que ambos son, en generaciones distintas, un ejemplo de búsqueda profunda de propuestas nuevas que anuncian su arribo a territorios fértiles y también de probidad personal absoluta. Además de que en ambos casos extienden su personalidad más allá de la creación de extrema calidad, puesto que, por encima de ello, se trata de dos personas de una alta capacidad cultural que les convierte en intelectuales de primer orden.

Y si Sánchez-Verdú sucede a De Pablo hay que señalar que la casualidad, que no es otra cosa que una férrea regla que no hemos llegado a entender, ha hecho que el antecesor de De Pablo en esa medalla 47 fuera otro compositor de una generación anterior, el excelentísimo señor don José Muñoz Molleda, que era natural de La Línea de la Concepción, en el mismo Campo de Gibraltar en el que nació José María Sánchez-Verdú, este en Algeciras. No deja de llamar la atención.

José María Sánchez-Verdú vio la luz en esa localidad de la provincia de Cádiz el 7 de marzo de 1968. Se formó en violín, piano, órgano, composición, musicología y dirección de orquesta en el Real Conservatorio Superior de Música de Granada, el Real Conservatorio Superior de Música de Madrid y la Musikhochschule de Frankfurt, y entre sus profesores están Juan-Alfonso García, Antón García Abril, Franco Donatoni o Hans Zender, por citar solo a algunos de los de composición. Igualmente, es licenciado en Derecho por la Universidad Complutense y obtuvo el Doctorado Internacional *cum laude* por la Universidad Autónoma de Madrid. Posee una nutrida cantidad de premios y galardones que no voy a desgranar porque se pueden cotejar fácilmente en muchos medios, y, sobre todo, es autor de una vasta obra en la que ha tocado todos los géneros conocidos y creado otros diferentes. Más de quince proyectos escénicos con óperas como *Aura* o *El viaje a Simorgh*, sin olvidar esa personal propuesta sobre lo oral y lo escrito como es *GRAMMA -Jardines de la escritura*, que le llevan también al mundo de la experiencia multimedia. La arquitectura, el movimiento o la virtualidad le interesan, pero también las conexiones profundas con la producción de sonido instrumental y vocal, las relaciones con las músicas medievales o de otras culturas, como la árabe —véase una obra tan rotunda como *Maqbara*—, y no solo ella, el mundo mítico y científico de los griegos clásicos o cualquier territorio al que le lleve a explorar su inagotable curiosidad y su búsqueda intelectual. Su saber lo entrega al público a través de sus obras, pero también a los nuevos músicos con una vocación de enseñante que le ha convertido en un profesor de composición buscado en toda Europa. Son muchísimos los cursos especiales que ha dictado en variados países, pero, además, fue profesor de composición desde 2001 en la Robert Schumann Hochschule de Düsseldorf, donde en 2021 fue nombrado Catedrático Honorario. Desde 2009 es, por oposición, Catedrático de Composición del Real Conservatorio Superior de Música de Madrid.

Muchas más cosas se podrían extraer del currículum espectacular del académico que hoy ingresa. Mencionaremos sus muchos escritos, sus intervenciones en centros intelectuales más allá de la música y su inagotable curiosidad. Y no me dejaré atrás la cooperación de su esposa, la extraordinaria Isabel Puente, que no solo es una pianista de gran categoría sino la musicóloga que tuvo el tesón de descubrir, entre otras cosas, el manuscrito perdido de las *Noches en los jardines de España*, de Manuel de Falla.

No me quiero extender más en mencionar una carrera tan brillante y multifacética como la suya, pues la pueden encontrar reflejada en muchos lugares y es factible escucharla en gran cantidad de grabaciones discográficas y en todas las plataformas, porque me gustaría reemprender una tradición, a menudo olvidada en tiempos recientes, que pide que un discurso de contestación responda en cierta manera al contenido del discurso. No se trata de criticarlo, tampoco de completarlo, sino de glosar sus manifestaciones y dialogar con lo expuesto, de ser una cuerda resonante por simpatía de la nota principal que es el discurso primero. Bien es verdad que nos encontramos ante un enorme y profundo trabajo que recomiendo encarecidamente que lean en su versión impresa, ya que la oral, que acaban de escuchar, no es sino un reducido resumen obligado por el imperativo temporal de la ceremonia. De manera que me permitiré unos breves escolios no sobre la totalidad del contenido, lo que sería abrumador, sino sobre mínimos aspectos del mismo, ya que me parece un extraordinario fulgor al que solo puedo apostillar en pequeña medida, casi como respondería una luciérnaga a un rayo.

José María Sánchez-Verdú realiza en su discurso de ingreso un fascinante viaje sobre aspectos importantes no solo de la creación musical, sino también de una cada vez más presente interdisciplinariedad, y lo hace partiendo de una búsqueda sobre la repetición que arranca de la consideración divina entre los griegos de la arquitectura y de la música. Y la historia que nos relata, según lo narrado por Plutarco de la renovación constante de la nave de Teseo, nos introduce en los profundos meandros de la identidad y de la memoria, puesto que la solución no es fácil y así el propio Plutarco nos dice que para unos filósofos era la misma nave y para otros no. Tal vez la solución que siglos después dará Hobbes como cuenta Sánchez-Verdú sea lo más aceptable. La memoria es materia indispensable para la existencia misma de una obra musical, la identidad en la restauración, algo vital para una institución como esta que regenta un importante museo.

El tema de la repetición en el tiempo está conectado entre los clásicos al concepto de mímesis en el centro de lo que consideramos como arte. Pero la repetición acaba siendo conducida por sus parientes, que son diferentes, aunque sean próximos, como la similitud y la semejanza. Porque en la más radical de las posiciones sobre esta materia, la repetición en realidad no existe, aunque solo fuera por suceder en tiempos distintos por cercanos que sean. Es el viejo dicho de Heráclito, que por cierto no aparece en los fragmentos que de él nos quedan, sino en lo que recoge Platón en su *Cratilo* (también en parte en el *Teeteto*), de que no podemos bañarnos dos veces en el mismo río y que debe ser cierto que lo expuso, pues Cratilo era discípulo de Heráclito y a su vez fue uno de los maestros de Platón. También es Platón quien recoge para Heráclito el famoso *Panta Rei*. Todo fluye. En realidad, Platón lo cita para refutarlo porque su universo de las ideas como formas inmutables necesitaba tal negación. Todo fluye según lo que dice o le hacen decir a Heráclito y no deja de ser curioso que Platón fuera contrario a la repetición en el arte mientras Aristóteles la aceptaba.

Pero la propia matemática, tanto si la consideremos existente objetivamente en la naturaleza o creamos que es un constructo de la inteligencia humana, apunta a una imposibilidad de la repetición desde la eterna retahíla de decimales del número pi que jamás permitiría la existencia de dos círculos iguales. Tampoco son exactamente iguales las órbitas planetarias y sus distancias pues, aunque no lo percibamos en nuestras cortas existencias, la luna se aleja de la tierra poco menos de cuatro centímetros por año, un "poco menos" (se suele decir 3,78), que incide claramente en que tampoco cada año se aleja igualmente. Y hubo un momento, cuando un gran cuerpo celeste impactó contra la Tierra, en que esta giraba no en 24, sino en 17 horas; son efectos del transcurso de millones de años, pero ahí están.

Podríamos decir que en nuestra escala temporal de humanos sí se puede hablar de repetición y algo similar es lo que impele a usarla a muchos compositores tardo-medievales y también modernos, de la misma manera que otros, como Debussy o Webern la rechazan por completo. Incluso así, no hay escapatoria, recientemente pude comprobar fehacientemente cómo en dos composiciones distintas de Debussy —*La Mer* e *Iberia*—, aunque en cada una se niegue ese principio de repetición, entre ellas se encuentran numerosas identidades repetitivas, de una a otra, de las que posiblemente él mismo no se diera cuenta pero que en realidad dimanaban de su estilo compositivo. Hay quien hablaría más de similitud que de repetición, pero es precisamente la simi-laridad lo que se suele tratar como repetición. Y por ello es tan frecuente el fenómeno de que hoy día se recurra constructivamente a los fractales. De hecho, es algo que estuvo siempre presente, aunque no se llamara de esa manera.

Sánchez-Verdú trae muy oportunamente a colación las reflexiones sobre la repe-tición de Gilles Deleuze partiendo del tiempo, la medida y la duración, algo ya explíci-to en Henri Bergson. Y sin duda son muy pertinentes los ejemplos que extrae nuestro nuevo académico de un escritor como Bioy Casares en *La invención de Morel* o de un cineasta como Alain Resnais en *L'année dernière a Marienbad*, donde la autosemejanza es un valor en alza que une el concepto de repetición con el de variación.

Posiblemente en música, y seguramente por esa necesidad de considerar un trans-curso temporal como una unidad estructural, la única forma que de verdad existe es la variación, aunque se llame históricamente de muchas maneras, pues de ella se nutren desde la fuga a la forma sonata o a lo que más estrictamente se llamó variación y que niega radicalmente el que el tema o el principio temático sea lo más importante. No de otra manera la *Ofrenda Musical* de Bach, que trata un tema de Federico el Grande, podría ser una obra tan abrumadoramente grandiosa.

En 1819, el editor y compositor Anton Diabelli envió un temita nimio de vals a 50 compositores, entre ellos un Liszt de once años de edad, para que compusieran variaciones sobre él. Las respuestas fueron muy variadas y la de Beethoven, al que el tema no le pareció nada bien, consistió en las monumentales *33 variaciones en do mayor sobre un vals de Diabelli*, que a decir de Afred Brendel "es la más grande de todas las obras compuestas para piano".

El propio Beethoven nos da a lo largo de los años una terminante respuesta a la semejanza como variación en tres obras, modificando en cada caso no el tema, sino su significado expresivo. En 1794, todavía joven, escribe un Lied, catalogado solo póstumamente con el enrevesado título de *Seufzer eines ungeliebten-Gegenlieb* (Suspiro de un no amado-Amor correspondido). Al llegar al allegretto, canta las palabras de Gottfried August Bürger "Wüst ich, wüst ich, dass du mich lieb und werein bischen…". Años más tarde, en 1808, en plena madurez humana y creativa, ofrece un memorable concierto en el Theater an der Wien, donde se estrenan nada menos que las sinfonías 5 y 6 y otros fragmentos suyos; y toca él mismo para terminar, y es la última vez que actúa en público como pianista, su gran *Fantasía para piano, coro y orquesta en do menor op.80*, una obra que, aunque hoy no se toca demasiado, él la consideraba de entre sus mejores aportaciones y no soy yo quien le va a quitar la razón. Ahí va a aparecer un tema similar sobre texto que según Czerny era de Christoph Kuffner, pero que antes se expresa en el piano y la orquesta. Es el mismo tema que muta desde lo sentimental a la elegancia del fraseo. Y en 1824, esta vez sobre la *Oda a la Alegría* de Schiller, estallará en el coro cantando "Freude schöner Gotterfunken, Tochter aus Elisyum" con su aspiración universal. Un largo camino desde el espíritu galante a la proclamación universal romántica desde el mismo material. Eso sin mencionar la variante que Brahms introduce al final de su primera sinfonía. ¿Repetición, semejanza, similaridad…? En realidad es otra cosa porque apenas si el tema se modifica, y el texto no es después de todo tan relevante, sobre todo para quien no domina el alemán. Lo que cambia es el componente psicológico en que se contempla la repetición que no funciona como tal. Y es que la psicología de la música, o más exactamente de la percepción musical, es algo tan importante al menos como el desarrollo de las formas y las estructuras e introduce un nuevo y lábil elemento en la percepción o no de repetición, semejanza y similaridad. Y ello nos puede llevar muy lejos.

La repetición, y por supuesto la imagen, desembocan en el discurso que acabamos de escuchar en el mundo del espejo que desde la antigüedad ha sido una obsesión y un campo de estudio y que está muy presente en la pintura, como el mismo Velázquez demuestra en su *Venus* o todavía más misteriosamente en *Las Meninas*. Un mundo fascinante el del espejo, pero también maléfico y diabólico para los medievales, y yo diría que también para el mito antiguo si reparamos en la historia de Narciso. Y es maléfico porque tiene vida propia, parece la realidad, pero construye "su" realidad que se burla de nosotros simplemente si levantamos la mano derecha mostrándonos que la que se levanta es la izquierda. No habría que recurrir a esos deformantes espejos cóncavos o convexos (los que Valle Inclán aseguraba que eran la base del esperpento) o a las galerías de espejos que centuplican sin fin las imágenes. El más simple de los espejos es un mundo propio y misterioso.

Desde los griegos a la más reciente vanguardia, las técnicas musicales han utilizado profusamente elementos especulares. Y procedimientos como la retrogradación (leer palindrómicamente una frase musical) o la inversión (cambio de la dirección de los intervalos descendentes en ascendentes y al contrario) están presente en las músicas modales, tonales, dodecafónicas y seriales.

La escuela del motete tardomedieval, el propio Bach o la Escuela de Viena hicieron propios los procedimientos especulares y hay un ejemplo brillantísimo incluso en una ópera completa, *Hin und Zurück* (Ida y vuelta) escrita y estrenada por Paul Hindemith en 1927, que es una perfecta obra especular que desde la mitad hacia el final se reproduce al revés de cómo es de la mitad al principio, tanto en música como en texto y en acción, e incluso lo que era una tragedia se convierte en un final feliz.

En España prácticamente todos los compositores han usado de una manera u otra los espejos y algunos, como Alfredo Aracil, han hecho de ellos uno de los ejes de su producción. Y si se escudriña en mi propio catálogo encontrarán títulos como *Espacio de espejo*, *Espejo desierto*, *Espejo de Falla*, *Through the looking-Brahms* y otros. No voy a hablar de ellos pero sí mencionaré, como ejemplo del mundo propio de los espejos, mi primera obra de teatro instrumental, *Jabberwocky*, allá por 1967, que usa en múltiples idiomas un texto que Alicia, la protagonista de Lewis Carroll, encuentra en el comienzo del segundo libro, *A través del espejo*. Es un poema del que, como ella misma dice, entiende perfectamente todo lo que narra, pero no comprende ni una sola palabra particular. Carroll usa en ellas su célebre técnica de palabras-cofre que sintetiza en una nueva varias conocidas. El texto inglés ya promete desde la primera estrofa:

> Twas brillig, and the slithy toves
> did gyre and gymble in the wabe
> all mimsy were the borogoves
> and the mome raths outgrabe.

Encontré versiones en francés, en alemán y hasta en latín y, como las versiones españolas existentes no me convencían, aventuré una propia en la que esa misma estrofa queda así:

> Era siestora, los untugeros tovos
> sobre el alejanzonte giraban y revolobraban.
> Muy desgravolos vagaban los borogovos,
> perdiviados los ratchinos silbulaban.

A partir de ahí se desarrolla la aventura en el mundo del espejo que está muy lejos de corresponder al mundo que teóricamente refleja. Como ocurre en el primer libro, aunque también se cuela en el segundo, no sabemos si el gato de Chesire es un gato que posee una sonrisa o una sonrisa que posee al gato.

Para la repetición musical, y yo diría que para la repetición de cualquier tipo, pero vamos a dejarlo ahí, nos dice Sánchez-Verdú que el elemento más potente es el ritmo, pero el ritmo se compone de diversos elementos, pues no solo se refiere a la repetición de notas y tiempos, sino a acentuaciones, agógica, alturas, e incluso dinámicas y timbres. Como nos señala el orador eso puede producir un juego de automatismos que ha sido muy utilizado. Nos habla también ampliamente del uso de cierto tipo de formas y ornamentos que se encuentran en el arte islámico o en las formas de Klee o Palazuelo de las que habla tan precisa y ampliamente que no hay necesidad de que yo las repita. Así mismo, se refiere profusamente a la caligrafía que ha estado muchas veces presente en sus búsquedas musicales. Y me es especialmente sensible toda su magnífica exposición de la ornamentación y técnica de la misma en los palacios nazaríes de la Alhambra, porque me hacen evocar mis propias indagaciones al componer hace unos años un concierto para dos pianos y orquesta titulado precisamente *Palacios de Al-Hambra*. Y no hablaré del arabesco como forma musical ya que está muy bien tratado en el discurso.

Interesantísima es la mención del artesanado de la alfombra oriental, que oportunamente relaciona con el campo de la física de los cuasicristales, y además en la manera en que relaciona ese arte con la fase final de las creaciones del compositor norteamericano Morton Feldman. Pero a ese respecto mencionaré que hay un salto psicológico que no es nada fácil de explicar entre lo que una técnica, en este caso musical, pero podría ser de otro género, puede lograr para sostener lógicamente una forma y el efecto que pueda hacer en el auditor por una parte, la música y por otro, el origen visual en que se cimenta. Y voy a contar una experiencia personal ocurrida hace unos años.

Me encontraba ofreciendo un curso como "visiting professor" en la Universidad de Houston y un mediodía de verano tórrido caminé bastante a la búsqueda de un lugar que nadie debería dejar sin visitar o incluso que debería ir solo para visitarlo. Casi por casualidad, aunque era lo que buscaba y tras un largo paseo, me topé con el *Broken Obelisk* de Barnett Newman que se erige frente a un edificio octogonal de Philip Johnson. Estaba abierto, sin ninguna vigilancia, y entré en una espesa penumbra en la que a esa hora y con esa temperatura no se encontraba nadie. Ante mí, las catorce pinturas y los cuatro añadidos en variantes de negro de Mark Rothko. Era la Rothko Chapel. Hacía años que había escrito y estrenado mi *Espacio sagrado* para piano, coro y orquesta, pero ahora me encontraba ante uno de los espacios sagrados más característicos y además con una concepción tan abstracta como sensible de lo sagrado. Estuve mucho tiempo en plena meditación y siempre absolutamente solo. Cuando me fui no deseaba sino escuchar la obra de Morton Feldman que fue escrita para ese lugar y se llama *Rothko Chapel* para soprano, contralto, coro mixto, percusión, celesta y viola y que, por supuesto ya conocía y admiraba. Pero, aunque me sigue gustando, nunca he encontrado en ella la sensación física y psíquica que la capilla pictórica me produjo. Sin embargo, sí la he encontrado en otras obras finales de Feldman como *Coptic Light*, escrita quince años después. Son problemas de percepción y correspondencia, psicología de la escucha, que merecerían ser estudiados en profundidad. Desde luego, no ahora mismo.

La última parte del discurso de Sánchez-Verdú trata de sus aportaciones personales en esta materia. Y si todo lo anterior es una profunda reflexión artística y filosófica sobre la cuestión estudiada, aquí nos encontramos ante algo todavía más importante, como es de qué manera todo esto está presente en la creatividad de un compositor de su talla, que empieza por confesar la influencia que en el tema de la repetición ha tenido no de un músico, sino de un artista plástico como es Pablo Palazuelo. Pero eso es solo un punto de partida porque su relación con el mundo que le rodea es mucho mayor y más compleja. Por supuesto que va mucho más allá, y en esta parte del discurso lo que admiramos es no solamente el pensamiento musical de Sánchez-Verdú, sino que asistimos a una descripción muy cercana de muchas de sus obras en las que estas ideas se plasman y desarrollan. También podrán asistir a la manera en que trata de extender las posibilidades instrumentales y vocales, bien por la acción física directa o por la transformación electrónica. Camino que le ha llevado incluso a la invención de un instrumento nuevo, mixto de percusión y electrónica que usa de nueva manera las resonancias y al que ha llamado auraphon por haberlo introducido en su ópera *Aura*, aunque lo ha utilizado también en otras obras. Sánchez-Verdú desgrana sus procedimientos y sus intentos. Y ante eso sobra cualquier comentario que aquí sería extemporáneo y solo queda la admiración.

Sí recomiendo su lectura, pues sin duda contribuirá a un más profundo conocimiento de su obra y a la comprensión de sus motivaciones y operatividad. Y así podrán sentirla, puesto que al final, una pieza de música es un ejercicio de la memoria en torno a una materia sonora que debe mover nuestro ánimo y hacia la que hay que ir, no solo dejar que ella venga hacia nosotros. No es cuestión de entender la obra sino de sentirla. Un profesional puede entender los procedimientos y las intenciones, pero la música en sí no es para entender. Tampoco se trata de saber de ella. Se suele decir que fulano sabe o no sabe "de" música, José María Sánchez-Verdú no sabe "de" música, sabe música. Y por eso podemos agradecerle que nos la ofrezca a través de sus obras. Como también le agradecemos que venga al seno de esta Academia. Bienvenido sea.

PROGRAMA MUSICAL

Entrada

Antonio de Cabezón (1510-1566)
Pavana con su glosa

Órgano: Silvia Márquez Chulilla

Final

José María Sánchez-Verdú (1968)
Detrás del espejo (para tuba solista, dos tubas en eco, y órgano)
Estreno absoluto. Dedicada a la Academia de Bellas Artes
de San Fernando de Madrid

Tuba 1: Manuel Dávila Sánchez
Tuba 2: Tomás Melchor Romero
Tuba 3: Arturo Leiton Carmena
Órgano: Silvia Márquez Chulilla